Das Kinderzimmer versinkt im Chaos, die Kinder wollen nicht ins Bett, das Essen schmeckt mal wieder nicht, die ewige Trödelei macht Vater und Mutter rasend, und der Familienkrieg mit dem Pubertierenden ist auch kein Vergnügen ... Was tun?

Mit den 111 Fragen zu alltäglichen kleineren und größeren Erziehungsthemen kommen Eltern auf spielerische Weise dahinter, wie sie schwierige Situationen meistern können und was für den Familienfrieden und die Entwicklung ihrer Kinder das Beste ist. Jan-Uwe Rogge, Deutschlands bekanntester Erziehungsberater, verblüfft immer wieder mit seinen Vorschlägen, und seine Botschaft lautet vor allem auch: Man muss nicht immer alles richtig machen! Ein Buch, das wirklich weiterhilft und auch noch Spaß macht!

Jan-Uwe Rogge gilt als Deutschlands erfolgreichster Erziehungsexperte. Er veranstaltet Vortragsabende, Elternseminare und Fortbildungsveranstaltungen, die sich im gesamten deutschsprachigen Raum größter Beliebtheit erfreuen. Er ist verheiratet, hat einen Sohn und lebt in der Nähe von Hamburg. Als Autor zahlreicher pädagogischer Bestseller schrieb er u. a. «Kinder brauchen Grenzen», «Ängste machen Kinder stark», «Ohne Chaos geht es nicht», «Pubertät – Loslassen und Haltgeben» sowie zusammen mit Anselm Grün «Kinder fragen nach Gott. Wie spirituelle Erziehung Familien stärkt».

Jan-Uwe Rogge

Erziehung –
die 111 häufigsten Fragen
und Antworten

Rowohlt Taschenbuch Verlag

3. Auflage Dezember 2014

Veröffentlicht im Rowohlt Taschenbuch Verlag,
Reinbek bei Hamburg, März 2012
Copyright © 2010 by Rowohlt Verlag GmbH,
Reinbek bei Hamburg
Lektorat Bernd Gottwald
Illustrationen Katja Mittnacht
Umschlaggestaltung ZERO Werbeagentur, München
(Foto: Jupiterimages / Banana Stock)
Satz Minion PostScript (InDesign)
bei KCS GmbH, Buchholz bei Hamburg
Druck und Bindung
CPI books GmbH, Leck, Germany
ISBN 978 3 499 62490 2

Inhalt

«Ich habe da mal eine Frage ...»

Der Erziehungstest – man muss ihn nicht bestehen, um Kinder ins Leben zu begleiten. Der Erziehungstest dient nicht der Vorbereitung auf den immer wieder geforderten Eltern-Führerschein. Der Test ist viel pragmatischer gedacht: Er soll Eltern weder überprüfen noch vorbereiten, er soll Spaß machen, vielleicht auch zum Nachdenken anregen, um eigene Handlungsmuster zu überprüfen. Der Erziehungstest will nicht aufzeigen, was Väter und Mütter nicht wissen, sondern verdeutlichen, dass Eltern vieles wissen und können.

Er will Eltern darin bestärken, sich ihrer Erziehungsverantwortung bewusst zu werden. Die meisten Eltern machen – so beobachte ich das – einen guten «Erziehungsjob», können zufrieden mit ihren erzieherischen Bemühungen sein. Doch anstatt liebevoll mit sich umzugehen, holen sie allzu häufig die Peitsche heraus, um sich selber zu bemitleiden – nach dem Motto: «Womit habe ich das nur verdient!» Oder: «Ich will mir später nichts nachsagen lassen!»

Kinder finden Eltern jedoch nur komisch, die ihre Erziehung ständig perfektionieren wollen. Sie mögen lebendige Eltern, die Fehler machen, die sich zu ihrer Unvollkommenheit bekennen – nicht aus einer falsch verstandenen Resignation heraus – mit der Überschrift: «Ich kann sowieso nichts ändern!» Sie finden Eltern manchmal merkwürdig, die Erziehungsratgeber lesen und danach handeln.

Felix, acht Jahre, hat seine Mutter auf eine wunderbar-hinterlistige Weise durchschaut, als er fast altklug feststellte: «Meine Mama redet und redet, aber ich mache mein Ding. Und ich warte ab!» Er schmunzelt: «Dann dreht sie irgendwann komplett durch, schreit.» Er grinst: «Wenn sie dann so vor mir steht, dann weiß ich, sie ist meine Mutter und völlig normal.»

Sind Kinder nicht wunderbar – nicht in jedem Augenblick natürlich! Und Gott sei Dank gibt es ja die Phase, in denen sie – hoffentlich – schlafen, im Kindergarten oder in der Schule sind.

Kinder mögen ihre Eltern – natürlich auch nicht in jedem Moment. Manchmal sind sie nicht zum Aushalten, wenn sie mal wieder die «Bestimmer» sind und recht haben wollen. Aber noch unerträglicher sind Eltern, die anstreben, alles richtig zu machen, in jeder Situation reflektiert und kompetent zugleich sein wollen. Und sie dabei Yoga mit Erziehung verwechseln, wie pädagogische Gurus durch den Erziehungsalltag schweben – um dann von ihren Kindern auf unnachahmliche Weise geerdet zu werden.

Aber man muss Mütter und Väter auch verstehen: Viele wollen es anders machen als ihre Eltern oder, mehr noch, nicht nur anders machen, vielmehr: alles besser machen. Bloß nicht wie die eigenen Eltern werden! Ein schier unerträglicher Gedanke! Da ist es dann schon besser, sich selber den pädagogischen Oscar zu verleihen, weil ohnehin keiner die Mühen und Bemühungen sieht, die man jeden Tag aufopfernd, das Kreuz der Erziehung tragend auf sich nimmt.

Eine typische Situation, ein ganz normaler Augenblick: Ich stehe in einem Vortrag vor Eltern, schaue in ernste Gesichter, die gezeichnet sind von einem langen, stressigen Erziehungsalltag, Eltern, die auf den Tipp von mir warten, um die Kinder endlich fehlerfrei zu erziehen. Dann braucht es unbedingt eine Aufmunterung, einen kleinen Witz, der sich nicht über Eltern erhebt, der sie vielmehr ernst nimmt, sie aber zum Lachen bringt. Schnell erlebe ich dann, wie Väter und Mütter schmunzeln können – über sich, über die Kinder, über ihre Fehler. Und häufig denke ich dann: Könnten Kinder ihre Eltern doch mal so gelassen, so gelöst, so aufgehoben erleben – und nicht wie erzieherische «Monster», die manchmal daherkommen, als hätten sie alles im Griff – nur nicht sich, und schon gar nicht die Kinder, als sähen sie schon jetzt die morgendlichen Trödeleien oder den Stress mit den Hausaufgaben vor sich. Eltern können lachen, können so gelöst wirken. Und nach dem Vortrag kommen sie dann, bedanken sich, sind irgendwie verlegen, wissen nicht, wie sie beginnen sollen, geben sich schließlich einen Ruck: Das wäre ein «klasse Vortrag», schöner Abend gewesen, sie hätten sich im Spiegel, den ich ihnen vorgehalten habe, schnell erkannt. Das wäre erleichternd gewesen, entlastend, aber

– und manchmal schauen mich Mütter wie Väter irgendwie unsicher an – sie hätten «da noch eine kurze Frage». Kurze Fragen, so meine Erwiderung, erfordern meist längere Antworten.

Ich habe im Laufe meiner Vortrags- und Seminararbeit viele «kurze Fragen» bekommen, einige habe ich in diesem Buch aufgenommen und sie mehr oder minder «kurz» beantwortet.

Natürlich wollen Eltern Tipps, praktikable natürlich, besser: Sie möchten Rezepte! Aber die gibt es nicht. Man kann Kinder nicht nach einem Rezept erziehen. Jedes Kind ist anders, jede Mutter, jeder Vater auch. Erziehung braucht die ganz persönliche Besonderheit. Wenn man eine Suppe nach einem Buch kocht, gelingt sie, doch erst wenn die individuellen Zutaten hinzukommen, dann schmeckt sie, hat sie das ganz eigene Flair, ist sie eine besondere Suppe. Und so ist es denn auch in der Erziehung. Eltern sind verschieden, Kinder kann man schon gar nicht vergleichen. Zudem hat Erziehung eine sehr besondere Gemenge-Lage: Was an einem Tag gelingt, führt am anderen in die Katastrophe. Und wenn man manchmal denkt, man habe es geschafft, komme endlich in ruhige Gewässer, da wäre nun endlich Licht am Ende des Tunnels, dann schaue man genauer hin, ist das Licht doch meistens der entgegenkommende Zug. «Genau», so erklärte mir jüngst eine Mutter, «wenn du meinst, du hast es geschafft, dann steht das nächste Problem vor der Tür, und du denkst, hat das denn alles nie ein Ende!»

Erziehung ist die Begleitung der Kinder ins Leben. Und das ist kein gerader, kein aufstrebender Pfad, gar ein unangestrengter Spaziergang. Wer Kinder ins Leben begleitet, der durchlebt viele, häufig widerstrebende Gefühle – eine Mischung von glücklichen, aber eben auch traurigen Momenten, von Phasen, die einen bestätigen, und Augenblicken, die von Frustrationen gekennzeichnet sind.

Der Weg ist das Ziel – dieser Satz hört sich so philosophisch, so getragen, so leicht an. Aber wenn man sich auf den Weg macht, dann gibt es Anstiege und Abfahrten, Sackgassen und Umwege, dann erinnert man sich mehr an die Mühen der Ebene als an die Glücksmomente, etwas geschafft zu haben.

Und daran wollen die vorgestellten Situationen und Fragen dieses Buches anknüpfen: Nicht im Sinne einer Handlungsanweisung – nach dem Motto: «So macht man das richtig!» oder: «So gelingt gute Erziehung!» Es werden alltägliche Situationen und Entwicklungsetappen von Kindern vorgestellt, über die man nachdenken soll. Die Fragen und Antworten möchten zur Besinnung einladen, möchten vor allem zeigen, was Eltern für Kompetenzen haben – natürlich nicht in jedem Augenblick, aber im Prinzip.

Denken Sie daran! Kinder mögen Eltern, die Fehler machen – und die die Souveränität besitzen, sich dafür zu entschuldigen. Fehler werden nur dann problematisch und unverzeihlich, wenn man sie immer und immer wieder macht. Erziehung stellt nicht allein die Anwendung von Techniken dar, bedeutet gar die Umsetzung von Tipps, Erziehung hat mit Haltung zu tun – eine Haltung dem Kind und eine Haltung sich selbst gegenüber.

Nur auf der Grundlage einer Haltung kann man Erziehungstechniken anwenden. Techniken ohne eine gewachsene und gelungene Eltern-Kind-Beziehung sind blutleer und seelenlos und wirken deshalb nicht.

Und so habe ich in meinen Antworten versucht, diese doppelte Perspektive umzusetzen. Eltern zu stärken bedeutet die Herausbildung eines Fundamentes, auf dem man alltagspraktische Tipps anwenden kann. In den Antworten findet man nicht immer konkrete Tipps, aber Stoff zum Nachdenken, Überdenken und vielleicht zum Umdenken.

Und bedenken Sie: Falls Sie die Fragen anders beantworten, als ich es vorgeschlagen habe, so spricht das nicht gegen Ihre erzieherischen Fähigkeiten. Ein letzter ermutigender Gedanke: Erziehung ist nicht wirklich bis ins letzte oder vorletzte Detail plan- oder umsetzbar. Erziehungsbemühungen sind durchaus wirkungsunsicher. Das bedeutet nun nicht, sich immer und immer wieder aufs Neue zu bemühen. Denn Kinder mögen Eltern, die nicht verzweifeln, sondern an denen sie erfahren, dass sich Väter und Mütter als Lernende begreifen, die sich auf den Weg gemacht und sich dabei von den Kindern Entscheidendes abgeschaut haben: ihre ständigen, ununterbrochenen Bemühungen. Denn Kinder machen vieles immer und immer wieder – so lange jedenfalls, bis sie einen Weg gefunden haben.

Noch zwei zusätzliche Vor-Bemerkungen: Meine Antworten auf die Situationen und Fragen habe ich bewusst sehr knapp gehalten. Wer Näheres zu den angesprochenen Themen wissen möchte, der sei auf meine hinten angeführte Literatur verwiesen.

Ich habe alltägliche Situationen vorgestellt und drei Handlungsmöglichkeiten bzw. Intentionen zur Auswahl gestellt – manche sind bewusst provokativ formuliert. Natürlich favorisiere ich eine Reaktion (manchmal auch zwei), was nicht heißt, dass andere nicht möglich sind. Wer zu anderen Lösungen (auch als die hier vorgeschlagenen) kommt, fällt natürlich nicht durch den Test.

Eines ist sowieso klar: Im alltäglichen Leben geht es nicht um einen Test. Da muss man spontan, häufig aus dem Bauch heraus entscheiden, da bleibt meist keine Zeit zum Nachdenken, da sind dem Fehler Tür und Tor geöffnet. Aber man glaubt es kaum: Kinder und Jugendliche mögen Eltern, die Fehler machen, dies umso mehr, je mehr die Heranwachsenden sich von Vater und Mutter in ihrer Unvollkommenheit angenommen wissen und fühlen. Also: Auf in den Test! Viel Spaß! Und: Vielleicht machen Sie ihn gemeinsam auch einmal mit Ihren Kindern!

**Zwischen Aufräumen
und Zickenalarm –
111 Fragen und Antworten**

Aufräumen: Warum lieben Kinder Streuordnung? (1)

«Neulich sagt doch mein Peter zu mir», erzählt Vera Bauer, «als ich ihn auffordere, Ordnung zu schaffen, er habe keine Lust dazu.» Da sei sie wütend geworden: «‹Meinst du, *ich* habe Lust dazu?›, habe ich ihn angeschrien. Sie glauben es nicht, was der mir antwortet, ganz cool, ganz lässig: Dann solle ich's doch *auch* bleiben lassen.»

Wie verhalten Sie sich?

A. Sie sagen ganz ruhig «Dann räumst du eben ohne Lust auf!» und ergänzen: «In den ersten fünf Minuten helfe ich dir!»

B. Ihnen ist das ganze Thema mit dem Aufräumen zuwider. Sollen die Kinder doch in ihrem Zimmer machen, was sie wollen. Nur in der übrigen Wohnung, da will ich meine Ordnung haben!

C. Einmal in der Woche kündigen Sie den Kindern an, in deren Zimmer zu saugen und etwas Ordnung zu schaffen. Alles, was dann am Boden liegt, wird weggesaugt. Sie wissen, dass diese Methode pädagogisch nicht wertvoll ist, aber einen Versuch ist sie allemal wert. Denn schlimmer kann es ohnehin nicht kommen!

Ich favorisiere Antwort A, aber C kann es auch mal sein

Gerade bei jüngeren Kindern zwischen zwei und sechs Jahren muss man unterscheiden, ob ein Kind nicht aufräumen *will* oder es nicht *kann*. Jüngere Kinder favorisieren eine Streuordnung, die natürlich im Gegensatz zur gewünschten «Häufchenordnung» der Eltern steht. Streuordnung meint: Kinder finden in den am Boden oder in den Regalen zerstreuten Objekten eher das wieder, was sie brauchen. Und sie haben dabei ihre ganz eigene Ordnung.

Kinder lieben eine Grobordnung, die es ihnen erlaubt, sich zurechtzufinden. Aber zugleich verlieren sie dann den Überblick, wenn zu viel herumliegt. Sie versinken im Chaos, haben keine Lust, Ordnung zu schaffen. Deshalb kann es im Kindergartenalter sinnvoll sein, Kinder beim Aufräumen zu unterstützen:

– Manche Zimmer quellen über. Da liegen Wintersachen neben der Kleidung, die man nur im Sommer trägt. Da findet sich Spielzeug, mit dem das Kind schon Monate, gar manchmal Jahre nicht gespielt hat. Das Zimmer zu entrümpeln – in Absprache mit dem Kind – kann zu neuer Übersicht führen. Und mancher Vater, manche Mutter hat schon mal in einer Einzelaktion Spielzeug entfernt, ohne dass das Kind dies überhaupt bemerkt hat.

– Man kann mit Kindern auch Aufräum-Rituale absprechen: Man vereinbart einen Termin, hilft dem Kind – je nach Alter und Entwicklungsstand – eine Zeit lang und lässt es dann eigenständig weiterarbeiten. Kinder lassen sich auf solche Vereinbarungen dann ein, wenn sie spüren, die Eltern respektieren ihre Ordnungsvorstellungen und wollen ihnen nicht ihre aufdrücken.

Mithilfe im Haushalt:
Wie kann man Kinder motivieren? (2)

Es wäre «zum Haareraufen», ereifert sich Hanna, die Mutter des fünf-jährigen Patrick: «Wenn ich ihn um eine Aufgabe bitte, also z. B. den Mülleimer zu leeren, dann meint er, er mache das gleich. Aber nichts passiert. Ich muss ihn dann mindestens zehn Mal inständig bitten, dann tut er es vielleicht!» Das Problem kenne sie auch, fährt Rebecca, die Mutter des achtjährigen Tom, fort, «du sagst etwas tausend Mal, und nichts geschieht, rein gar nichts, also beispielsweise die Geschirr-spülmaschine ausräumen». Sie schüttelt heftig ihren Kopf: «Und wer räumt am Ende die Sachen aus?», fragt sie rhetorisch: «Ich natürlich! Weil ich so blöde bin!» Dann zuckt sie resigniert mit ihren Schultern: «Oder einfach die schwächeren Nerven habe, was weiß ich?»

Wie verhalten Sie sich?
A. Da man die Diskussionen satthat, macht man die Aufgaben als Mutter (oder als Vater) lieber gleich selbst und erspart sich lästige Auseinandersetzungen.
B. Sie sagen Ihren Kindern: «Bevor du das nicht machst, zum Bei-spiel aufzuräumen, dann darfst du auch kein Fernsehen!», weil Sie wissen, solche kleinen Nötigungen helfen, den Kindern Beine zu machen.
C. Sie sprechen mit Ihren Kindern Aufgaben durch, die von ihnen ei-genständig in einem gewissen Zeitraum zu machen sind. Es gibt Pläne, in denen die Mithilfe schriftlich fixiert ist.

Ich plädiere für Antwort C

Kinder wollen sich nicht nur bedienen lassen, sie möchten die Zugehörigkeit zur Familie durch Mittun im häuslichen Alltag beweisen. Und das fängt früh an. Schon zwei- oder dreijährige Kinder möchten mithelfen, den Tisch zu decken, beim Kochen ihren kleinen, aber wichtigen Beitrag zu leisten. Wenn die Kinder älter werden, so müssen sie durch klare Absprachen einbezogen werden. Das kann vom vierten oder fünften Lebensjahr an geschehen. Wobei die übertragenen Aufgaben natürlich altersspezifisch zu gestalten sind. Wenn Kinder nur hin und wieder aufgefordert werden – nach dem Motto: «Kannst du jetzt nicht mal, du siehst doch, wie viel ich zu tun habe!» –, bauen Sie weder ein Verantwortungs- noch ein Zeitgefühl auf, dann schieben sie beides von sich weg. Deshalb sollte man einige Grundsätze beherzigen:

- Für Kinder ist eine regelmäßige Beteiligung wichtig. Deshalb machen Sie einen Plan, in dem die Aufgaben für ein Kind aufgelistet sind. Legen Sie fest, bis wann diese Aufgaben erledigt sein müssen!
- Bedenken Sie: Wenn Kinder Aufgaben nicht erfüllen, kann es auch damit zusammenhängen, dass die Aufgaben nicht mehr entwicklungs- und altersangemessen sind. Pläne müssen dann gemeinsam mit dem Kind regelmäßig überprüft werden.
- Erinnern Sie ein Kind morgens oder mittags an die Aufgaben, die es zu erledigen hat. Je jünger ein Kind ist, umso häufiger und zeitnäher muss die Erinnerung sein.
- Erinnern Sie die Kinder in einem freundlichen, aber auch bestimmten Ton. Und ermutigen Sie das Kind, wie toll Sie es finden, dass es die Aufgaben durchgeführt hat. Aber sprechen Sie zugleich auch unerledigte Aufgaben an, ohne gleich mit Konsequenzen zu kommen.

Ausnahmen:
Muss man denn immer konsequent sein? (3)

Besuch hat sich angesagt. In der Küche herrscht Hektik. Der Mann hat versprochen, bei der Vorbereitung des Essens mitzuhelfen. Wer sich verspätet, ist er! Typisch! Die Kinder quengeln, wuseln herum, nerven. Da kommt Julia, sieben Jahre, und fragt: «Mama, darf ich mit Robert noch eine Sendung sehen?» Mit großen Augen sieht sie ihre Mutter an: «Mama! Bitte!» Und dabei haben die Kinder schon ihre beiden Sendungen, die abgesprochen waren, gesehen.

Wie verhalten Sie sich?

A. Sie bleiben konsequent, erinnern an die Absprachen, bitten Ihre Kinder, die Küche sofort zu verlassen. Riskieren eine weitere Auseinandersetzung. Aber Nachgiebigkeit, so meinen Sie, schwächt Ihre Autorität.

B. Pädagogische Korrektheit hilft jetzt nicht, egal, was die Experten schreiben. Sie geben mit «Meinetwegen!» nach, um in Ruhe arbeiten zu können.

C. Konsequenz hin, Konsequenz her. Manchmal kommt es doch anders, als man denkt. Sie sagen: «Ihr dürft heute noch eine Sendung sehen, dafür gibt es morgen eine weniger!»

Antwort C hat eine gewisse Gelassenheit, an einem schlechten Tag läuft es wohl auf B heraus

Für ein kompromissloses Bestehen auf Absprachen bekommt man vielleicht einen Preis, für eine Ausnahme von getroffenen Vereinbarungen aber das Verständnis des Kindes: Eltern sind keine Maschinen, keine Rechthaber, sie sind Persönlichkeiten, die sich dadurch auszeichnen, dass sie sich auf unterschiedliche Situationen einstellen können. Eine pädagogisch vielleicht nicht korrekte, aber praktische Strategie könnte deshalb sein: «Heute gibt es eine Sendung mehr für euch! Und morgen habe ich Zeit für euch, und da gibt es keine Sendung!» Die Kinder jubeln, und man hat sein schlechtes Gewissen zumindest etwas unterdrückt, das Essen wird fertig, und man kann sich als perfekter Gastgeber zeigen. Vernünftige Ausnahmen, im Vorhinein bestimmt und gemeinsam vereinbart, schwächen nicht die elterliche Autorität. Eltern werden vielmehr in ihrer Persönlichkeit bestärkt, weil sie souverän und eigenständig genug über erzieherische Positionen nachdenken. Inkonsequent handelt nur der, der Ausnahmen mal zulässt, dann wieder nicht, der mit Zuckerbrot hantiert («Na gut, weil du heute so brav warst, darfst du heute länger aufbleiben!») und am nächsten Tag die verbale Peitsche herausholt («Heute gibt es kein Computerspiel, weil du mir widersprochen hast!»). Regeln sind nicht unverrückbar, gar unveränderbar. Sie sind nicht unumstößlich. Es ist für alle Beteiligten sinnvoller, Ausnahmen zu gestalten und umzusetzen, vor allem dann, wenn man weiß, dass die getroffenen Absprachen ohnehin nicht eingehalten werden können. Vernünftige Ausnahmen bestärken die Autorität!

Beißen und schlagen: Was kann ich tun, wenn mein dreijähriger Sohn dies macht? (4)

Paul ist mit seinen zwei Jahren schon Spielplatz-bekannt. Wenn Pauls Mutter mit ihm an der Sandkiste auftaucht, dann bemerkt sie schon an den erschreckten Gesichtern der anderen Mütter: «Hilfe, jetzt kommt Paul.» Und Paul ist als «Beißmonster», so hat ihn eine Mutter einmal tituliert, bekannt. Viele Kinder mögen ihn, nur nicht die Mütter dieser Kinder. Und tatsächlich: Paul scheint in den Gesichtern der Mütter zu lesen, was von ihm erwartet wird. Und da Paul sich nichts zweimal sagen lässt, tut er das, was von ihm erwartet wird: Er beißt! Pauls Mutter ist ratlos ob des Verhaltens ihres Sohnes.

Wie verhalten Sie sich?
A. Sie gehen nicht mehr mit Ihrem Sohn auf den Spielplatz, weil Sie es als peinlich empfinden, diesen «Beißer» als Sohn zu haben.
B. Sie ermahnen Ihren Sohn im Vorhinein, nicht zu beißen, zu schubsen oder zu kratzen. Sollte er es trotzdem tun, halten Sie ihn an, sich bei den anderen Kindern zu entschuldigen. Tut er das nicht, machen Sie das stellvertretend für Ihren Sohn bei den Müttern der malträtierten Kinder. Dann nehmen Sie Ihren Sohn und verlassen die Örtlichkeit.
C. Sie wissen um die impulsiven Reaktionen Ihres Sohnes. Deshalb sprechen Sie ihn vorher darauf an in der Hoffnung, er unterlässt seine unsozialen Verhaltensweisen. Aber Sie vermeiden es, ihn vor anderen Kindern vorzuführen! Dafür wählen Sie das Gespräch unter vier Augen.

Auch wenn es schwerfällt, ich halte es mit Antwort C

Kinder zwischen eineinhalb und drei Jahren können noch nicht «Nein!» sagen; ihnen fällt es schwer, sprachlich Grenzen zu setzen. Dies machen sie vielmehr handgreiflich: Die einen schubsen, die anderen spucken, die dritten kratzen, die vierten schlagen, und schließlich gibt es Kinder, die beißen.

Beißen erfolgt meist aus einem Reflex heraus. Statt dem Kind ständig vorzuhalten, es dürfe nicht beißen, ist es besser, ihm einen Beißknochen aus Plastik oder einen anderen Gegenstand zu geben, in den es, wenn es wütend ist, hineinbeißen kann. Da das Beißen einem Reflex unterliegt, wird das Kind Aufforderungen wie «Du darfst nicht beißen!» oder «Du sollst doch nicht beißen!» kaum befolgen. Pragmatisch ist ein Satz wie: «Wenn du wütend bist, dann beiß in deinen Knochen!» Damit wird die Attacke so umgelenkt, dass sie anderen nicht schadet.

Drei Strategien haben sich bewährt im Umgang mit dem Kratzen, Schubsen, aber auch dem Beißen, denn gänzlich verhindern kann man diese wenig sozialen Handlungsmuster sowieso nicht.

– Auch wenn Sie gefühlsmäßig geladen sind, vermeiden Sie es, das Kind anzuschreien, denn das führt eher zu einer Trotzreaktion.
– Sollten Sie bemerken, dass Ihr Kind sich in der Sandkiste oder auf dem Spielplatz nicht an die vereinbarten Regeln hält, holen Sie es kurz aus dem Spiel heraus. Solch eine Auszeit, die natürlich vorher vereinbart sein muss, kann eine Eskalation verhindern.
– Vermeiden Sie es, Ihr Kind vor anderen Kindern zu demütigen, indem Sie es mit lauten Worten zurechtweisen.

Vereinbaren Sie ein «Zauberwort», dessen Bedeutung nur Sie und Ihr Kind kennen. So vermeiden Sie es, ständig den Namen Ihres Kindes oder «Nein!» rufen zu müssen. Fällt das Zauberwort, so ist das ein Hinweis an das Kind, Regeln und Absprachen zu beachten.

Der berüchtigte Klaps:
Wie kann ich das verhindern? (5)

Susanne Bechtold, Mutter des vierjährigen Elias, ist völlig ausgerastet. Elias hat sie durch ständige Störungen, obgleich sie um Ruhe gebeten hatte, weil sie in der Küche war und kochen musste, «völlig auf die Palme gebracht». Und als er trotz allem keine mütterliche Zuwendung bekam, wie von ihm gefordert, hat er auf den Boden gespuckt. Als die Mutter voller Empörung schrie: «Das machst du nicht noch einmal!», da hat er in ihre Richtung gespuckt. «Da bin ich ausgerastet», erzählt sie, «und habe ihm einen Klaps auf den Po gegeben. Ich bin selber erschrocken über mich! Ich will doch eine perfekte Mutter sein, die keine Gewalt anwendet!»

Wie verhalten Sie sich?
A. Es ist zwar nicht richtig, Kinder zu schlagen, aber manchmal rutscht einem doch die Hand aus. Man muss sich einfach mehr zusammenreißen, dann passiert es auch nicht!
B. Kinder müssen spüren, wer das Sagen hat, sonst gewinnen sie die Überhand. Denn auch das darf man nicht vergessen: «Ein Klaps hat noch niemand geschadet!»
C. Ein Klaps, eine Ohrfeige kommen vor. Leider! Dann muss ich mich aufrichtig beim Kind entschuldigen, weil ich das Recht des Kindes auf körperliche Unversehrtheit verletzt habe. Und deshalb denke ich darüber nach, wie ich eine körperliche Bestrafung zukünftig verhindern kann.

Ich empfehle Antwort C

Ein Kind zu schlagen, es körperlich zu strafen, stellt sich als eine pädagogische Niederlage für den Erziehenden dar. «Ein Klaps hat noch niemand geschadet» – solche Formulierung bagatellisiert, verharmlost, verkennt das Recht des Kindes auf körperliche Unversehrtheit. Aber der Klaps, die Ohrfeige – beide kommen leider vor. Ist es passiert, muss man sich entschuldigen und darüber nachdenken, wie körperliche Bestrafung vermieden wird. Sie passiert häufig dann, wenn man in der Ansprache an das Kind uneindeutig ist, «herumlabert», es «im Guten» versucht. Kinder wollen Klarheit und Nachdrücklichkeit – aber nicht mit Gebrülle, Geschrei oder gar Schlägen. Sie wollen wissen, woran sie bei den Eltern sind. Klarheit und Nachdrücklichkeit vermittelt man über Mimik, Gestik und dem Klang der Stimme sowie dem Inhalt. Dabei müssen Mimik und Gestik, der Klang der Stimme und der Inhalt übereinstimmen. Bemerken Kinder zum Beispiel, dass man bei einem «Nein!» lächelt, dann nehmen sie dieses Nein nicht ernst. Und machen in ihrem Ton weiter, bis die Eltern «böse» werden. Dann ist es bis zum Klaps nicht mehr weit.

Wutausbrüche:
Was mache ich nur, wenn meine Tochter ausrastet? (6)

Nora, acht Jahre, «flippt», so beobachten es die Eltern, «regelmäßig aus. Sie flucht, trampelt, schimpft, stampft, brüllt!» Die Eltern überlegen: «Aber es ist anders als bei den Trotzanfällen früher. Es ist irgendwie anders!» Beide Eltern schauen ratlos: «Aber genauso schrecklich! Was kann man da nur tun?»

Wie verhalten Sie sich?

A. Sie verstehen die Wut Ihrer Tochter, aber sind nicht bereit, ihren Anfall unmittelbar und eindrücklich mitzuerleben. Sie haben gemeinsam mit Ihrer Tochter eine Wutecke eingerichtet, in der sie ihre Aggressionen, an Regeln gebunden, ausleben kann.

B. Sie übergehen die Wut Ihrer Tochter, wissen, dass sie sich irgendwann beruhigt, verlassen das Zimmer, um sich das «Drama» nicht mit antun zu müssen – und weil Sie auch wissen, Aggressionen sind irgendwie ansteckend.

C. Sie versuchen, auf Ihre Tochter mit «guten Worten» einzugehen. Es wäre doch nun wirklich nicht notwendig, so sagen Sie ihr, dass sie jetzt ausflippen würde: «Schatz, nun beruhige dich doch!»

Je nach Situation oder Tagesform bevorzuge ich Antwort A oder B

Der Wutausbruch stellt eine physiologische Reaktion dar; der ganze Körper ist beteiligt. Das Kind pumpt sich geradezu auf. Weil es zeitweise neben sich steht, kann es zu unkontrollierten Reflexen kommen, begleitet von einem lauten Kreischen. Wut hat nichts mit Gewalt zu tun. Gewalt, so die Psychologin Isabelle Filliozat, ist das Ergebnis einer Verdrängung von Wut: Gewalt zerstört. Wut ist dagegen konstruktiv, weil sie von starken Spannungen befreit. Damit aber Wut nicht ins Destruktive umschlägt, muss man Kindern vermitteln, dass sich ihre Wut nicht verletzend oder schädigend gegen andere, sich selbst oder gegen Sachen wenden darf.

Eines sollte man unterlassen: den Wutanfall in irgendeiner Weise zu kommentieren, ihn mit Drohungen oder Bestechungen zu unterbinden, gar zu unterbrechen. Vielleicht hilft Ihnen dabei der Gedanke, dass der Wutausbruch wie der Trotzanfall nicht gegen eine Person gerichtet, sondern Ausdruck eines Spannungszustandes ist, der vom Kind zum Ausgleich gebracht werden muss.

Nicht jedes Kind reagiert darauf mit Wut. Manche lassen Dampf über ungehemmte Bewegungen und ein intensives Toben ab, andere agieren sich über unendliche Rollenspiele aus, dritte ziehen sich in eine Ecke zurück und wollen allein sein.

Wenn Kinder erleben, dass sie in ihrem hilflosen Zorn nicht abgeschoben werden, dann kann eine «Wutecke» als produktives Ritual zwei Grundsätze vermitteln:

– Ich darf wütend sein, aber so, dass ich niemanden – auch mich selbst nicht – verletze.
– Ich werde auch dann gemocht, wenn ich vor Wut ausraste.

Daumenlutschen:
Wie bringe ich mein Kind davon ab? (7)

Tobias, dreieinhalb Jahre, nuckelt gerne an seinem Daumen. Dies tut er fast ausschließlich an seinem linken. Tobias ist intellektuell sehr weit, kann sich sprachlich schon differenziert ausdrücken, wirkt sehr umgänglich und aufgeschlossen. Wenn er aus dem Kindergarten kommt, hockt er sich sofort in die Ecke eines Sofas, macht es sich gemütlich, sitzt ganz gedankenverloren da, und – schwups – ist sein Daumen im Mund. Sein linker natürlich! Und dann träumt er vor sich hin. Ähnliches passiert beim abendlichen Zubettgehen, wenn er den Geschichten, die ihm vorgelesen werden, lauscht. Tobias' Mutter beobachtet das Daumenlutschen mit Sorge und Argwohn. Aber je mehr sie ihren Sohn daran erinnert, das Daumenlutschen zu unterlassen, umso schneller «fliegt» der Daumen in den Mund.

Wie verhalten Sie sich?
A. Sie ignorieren das Daumenlutschen trotz der Warnung Ihres Zahnarztes, der Ihnen gesagt hat, dass ein zu intensiver Gebrauch des Daumens zu einer Schädigung der Zähne und des Kiefers führen kann.
B. Sie machen Tobias unmissverständlich auf die Konsequenzen seines Daumenlutschens aufmerksam, mit jenen Argumenten, die Ihnen der Zahnarzt gesagt hat, und reglementieren ihn, wenn er nur den Ansatz zeigt, den Daumen in Richtung Mund zu führen.
C. Mit dem Daumenlutschen, so haben Sie es mal gelesen, beruhigt sich das Kind, verdaut es Eindrücke, die auf das Kind eingeströmt sind. Das Daumenlutschen hat für das Kind deshalb eine zentrale Bedeutung. Sie überlegen, wie Sie das Daumenlutschen auf andere Formen der Entspannung umlenken können. Oder ob ein gaumenfreundlicher Schnuller nicht eine Alternative wäre.

Antwort C ist angemessen

Daumenlutschen stellt eine Art Beruhigung und eine Regression dar. Solch eine Verhaltensweise bekommt man nicht mittels Verboten oder gar durch Druck weg. Es entsteht nur ein unnötiger Machtkampf, wodurch das Daumenlutschen für das Kind noch wichtiger wird. Mein Tipp an die Eltern: Verlieren Sie nicht so viel Worte über das Daumenlutschen! Gleichzeitig ist es wichtig, dass Eltern mit den Kindern ein Schmuse- und Kuschelritual einführen, das man beispielsweise in das abendliche Gute-Nacht-Ritual einbauen kann. Dieses Schmuse- und Kuschelritual sollte über einen längeren Zeitraum konsequent durchgeführt werden und man sollte dabei beobachten, ob das Daumenlutschen an Bedeutung verliert. Eines sollte man bedenken: Ein Kind, das sich über viele Monate und Jahre an das Daumenlutschen gewöhnt hat, wird es sich so schnell nicht abgewöhnen. Deshalb brauchen die Eltern Geduld und sollten dem Kind Zeit geben, andere Verhaltensweisen anzunehmen, durch die es sich beruhigen kann. Und noch zwei weitere Hinweise: Eltern sollten das Daumenlutschen nicht ständig kommentieren. Sollte das Kind den Daumen in den Mund stecken, dann kann man es sanft streicheln, und zwar jenen Daumen, der nicht im Mund liegt. Oder man führt die Massage beider Daumen in ein Gute-Nacht-Ritual ein. Auch das kann ein Kind beruhigen.

Verhalten bei Tisch:
Wie verhindere ich dieses fürchterliche Essverhalten
meiner Kinder? (8)

Die sechsjährige Susanne und ihre jüngere Schwester mögen mit ihren Eltern gerne zusammen die Mahlzeiten einnehmen. Aber die beiden Kinder halten sich nicht an das, was ihre Eltern vorleben: Mal benutzen sie nicht Messer und Gabel, wie von der Mutter gewünscht, sie praktizieren «Fingerfood», dann ist ihnen das lange Sitzen ein Gräuel. Manchmal lehnen sie das Essen ab, das die Mutter mit großer Liebe gekocht hat: «Bäh! Das mag ich nicht!»

Wie verhalten Sie sich?

A. Es wird gegessen, was auf den Tisch kommt. Wo kommen wir denn da hin! Überall wird über Hunger in der Welt geredet, und bei uns redet man über das Essen und die Tischmanieren.

B. Man liest ja viel über Essstörungen und darüber, wie wichtig gesundes Essen für Kinder ist. Deshalb achte ich darauf, dass vollwertiges Essen auf den Tisch kommt. Das bin ich ihnen schon schuldig!

C. Essen hält Leib und Seele zusammen. Aber trotzdem muss man daraus kein Dogma machen. Sonst vermiest man den Kindern den Spaß am und beim Essen. Bleib locker, sag ich mir! Aber Lockerheit hat nichts mit Gleichgültigkeit und Gewährenlassen zu tun.

Antwort C bringt eine Gelassenheit mit sich

Kinder – vor allem jüngere – essen am liebsten in Gesellschaft. Und dazu brauchen sie Vorbilder. Wenn Eltern ihr Essen nur so hineinstopfen, machen es Kinder ihnen bald nach. Wenn Eltern zu früh zu Tischmanieren erziehen, bauen Kinder kein lustvolles Verhältnis zum Essen auf. Man muss es also weder sich noch anderen beweisen, dass ein Kind bereits zwischen ein und zwei Jahren einen Ess-Knigge-Kurs mitgemacht hat, als Gourmet auf die Welt gekommen ist, der das Messerbänkchen ebenso souverän benutzt wie das Hummerbesteck. Jüngere Kinder spielen bei Tisch. Und mit Mund, Lippen und Zunge untersuchen sie Speisen. Dies sieht nicht immer ästhetisch aus. Aber sinnlicher ist es allemal, und damit beweisen Kinder häufig sensiblere Geschmacksnerven als die erwachsenen Spesenritter, die zwischen den Gängen eines vorzüglichen Menüs eine Zigarette rauchen oder das Handy benutzen.

Beherzigt man ein paar pragmatische Tipps, dann gewährleistet das noch kein reibungsloses, dafür aber sicher ein stimmungsvolles Miteinander.

– Statt Kinder zu früh an die Funktion von Messer, Gabel und Löffel zu gewöhnen, reicht es, wenn sie zunächst nur den Gebrauch des Löffels erlernen. Damit können vor allem jüngere Kinder experimentieren, ihre Fingerfertigkeit erproben, erfahren, was es bedeutet, Gegenstände in der Hand zu balancieren.

– Lange Mahlzeiten sind Kindern ein Gräuel. Je jünger ein Kind ist, desto schneller wird es ungeduldig, verlangt es nach Abwechslung. Jüngere Kinder können aufkommende Ungeduld durch kleine Spiele bei Tisch abbauen, Vor- und Grundschulkinder ziehen sich gern nach Einnahme der Mahlzeit in eine Spielecke oder das Kinderzimmer zurück.

Zubettgehen:
Wie kann ich den Stress dabei vermeiden? (9)

Jannis ist ein «komplett pflegeleichtes Kind», wie seine Eltern finden. Das einzige Problem, das sie mit ihm hätten, wäre die Situation am Abend. «Der hat tausend Tricks drauf, uns zu nerven, damit er nicht ins Bett kommt», lächelt die Mutter. «Dann muss er nochmal aufs Klo, dann kratzt sein Schlafanzug, dann ist da die Gardine, die einen Spalt zu weit offen ist, dann ist da ein Krokodil unterm Bett, dann leidet er unter Einsamkeit, und wir müssen uns zu ihm legen. Und! Und! Und! Es ist ein Nerv!»

Wie verhalten Sie sich?

A. Da wird nicht lange nachgedacht! Einmal muss mit dem Tag Schluss sein! Das gilt es den Kindern deutlich zu vermitteln! Sonst lässt man sich von ihnen nur noch unter Druck setzen!

B. Ich muss dem Kind schon helfen, den Übergang vom Tag zur Nacht so angenehm wie möglich zu gestalten. Da müssen elterliche Bedürfnisse auch mal zurückstehen. Das Wohlbefinden des Kindes steht an oberster Stelle.

C. Man muss das Kind dabei unterstützen, einen Einschlaf-Rhythmus zu finden. Man muss dabei viel ausprobieren, man muss kreativ sein. Wenn man unnachgiebig ist, bringt das genauso wenig wie zu viel Nachsicht. Jedes Kind kann zwar Schlafen lernen. Aber manche brauchen dazu Zeit, und wieder andere können nicht. Darüber muss man nachdenken und Wege finden, die sowohl die Bedürfnisse der Kinder wie auch die der Eltern berücksichtigen.

Wenn man es kann, empfehle ich Antwort C

Viel zu häufig werden die individuellen Unterschiede im Schlafquantum von Kindern nicht ernst genommen. Man schert sie über einen Kamm: Während manche Säuglinge 18 Stunden Schlaf brauchen, kommen andere mit 12 Stunden aus. Dabei wird übersehen, dass sich die Schlafbedürfnisse mit der kognitiven Entwicklung des Kindes verändern. Je älter die Kinder werden, desto weniger Schlaf brauchen sie manchmal.

Auch wenn ein Drittel aller Kinder mit Einschlafschwierigkeiten zu kämpfen hat, sollte man kein Problem daraus machen, wenn Kinder nach dem Zubettgehritual noch eine Weile wach liegen. Sie inszenieren nach dem Gutenachtkuss oder dem Gebet noch eigene Rituale, mit denen sie endgültig zur Ruhe kommen. Sie nehmen sich ihr Kuscheltier, vertrauen ihm Sorgen, Nöte oder spannende Erlebnisse aus dem Alltag an.

Manchmal haben Zubettgeh- und Einschlafprobleme oberflächlich anmutende Ursachen, die oft mit kleinsten Veränderungen zu lösen sind.

– Bindet man das Zubettgehen nicht in ein ruhiges Ritual ein, geraten alle Beteiligten unter Druck. Rituale, über die jeden Abend diskutiert wird, verlieren an Wert, geben keine Vertrautheit und Sicherheit. In das Ritual kann das Erzählen über Erlebnisse des Tages eingebunden sein. Dadurch entlastet sich ein Kind von seinen Sorgen.

– Kinder brauchen das Schmusetier, die Lieblingspuppe oder einen Gegenstand, der das Gefühl des Alleinseins nicht aufkommen lässt. Ständiges Nachschauen der Eltern, aber auch unregelmäßige Schlafenszeiten sind nicht dazu angetan, Zubettgeh- und Einschlafprobleme zu beseitigen.

Die Auszeitmethode:
Was hat es mit dieser Technik auf sich? (10)

Manuel, fünf Jahre, flippt regelmäßig aus, vor allem, wenn er müde ist und quengelt, nichts mehr mit sich selber anzufangen weiß. Oder wenn er von den Eltern ein «Nein!» hört, eine Grenze gesetzt bekommt, dann dreht er, so berichten seine Eltern, «komplett durch, ist nicht mehr bei Sinnen». «Wir haben mit ihm abgemacht, dass er dann in sein Zimmer geht oder wir ihn schicken.» Der Vater wundert sich: «Manuel hält sich dran, geht manchmal sogar freiwillig, kommt nach fünf oder sechs Minuten wie verwandelt zurück.» «Aber ist das nicht doch Machtausübung, die wir da praktizieren?», fragt die Mutter skeptisch: «Denn nicht alles, was funktioniert, muss doch pädagogisch richtig sein?»

Wie verhalten Sie sich?
A. Für Sie kommt die Auszeitmethode überhaupt nicht in Frage, weil Kinder isoliert werden, sich bestraft und beschämt fühlen. Wenn Kinder heftige emotionale Reaktionen zeigen, muss man das eben aushalten.
B. Nicht Sie schicken Ihr Kind aus dem Zimmer, Sie ziehen sich an einen Ort Ihres Hauses oder Ihrer Wohnung zurück und warten dort, bis das emotionale Gewitter vorüber ist. Und bleiben selbst dann in dem Raum, wenn das Kind an Türen und Wände poltert!
C. Sie sprechen mit Ihrem Kind in ruhigen Zeiten ab, was die Auszeit bedeutet, und vereinbaren hierfür feste Regeln. Und in regelmäßigen Abständen erinnern Sie Ihr Kind an die Absprache.

Antwort C bringt die Auszeitmethode auf den Punkt. Antwort B ist nur eine Notlösung

Damit die Methode funktioniert, sind Absprachen notwendig:

– Gerade bei jüngeren Kindern kann sie dazu führen, ausufernde, dramatische Gefühle beherrschen zu lernen. Die Auszeit bietet eine Chance zur Beruhigung, sie stellt keine Bestrafung dar. *Deshalb darf nicht mit der Auszeit gedroht werden.*

– Die Auszeit setzt sich aus zwei Phasen zusammen: zunächst Raum und Zeit zu haben, um seine Gefühle herunterzufahren, zur Besinnung zu kommen, sich voneinander zu lösen; und wenn man wieder zusammenkommt, über Lösungen nachzudenken, einen Konflikt zu beenden.

– Der Ablauf einer Auszeit muss dem Kind vorher klar sein. Die Dauer sollte geregelt sein: Pro Lebensjahr kann man mit einer Minute rechnen. Aber noch wichtiger sind individuelle Absprachen.

– Zur Auszeit gehören klare Rituale: Dem Kind muss diese Technik vorher in Ruhe erklärt werden: «Wir schreien uns jetzt nur noch an, und das möchte ich nicht. Damit du dich beruhigst, ich mich beruhige, gehst du in dein Zimmer.» Ein anderes Ritual besteht in der Ankündigung der Auszeit: «Ich werde dich zweimal an getroffene Absprachen erinnern, wenn du die nicht einhältst und dich aufregst, dann gehst du!» Macht das Kind dann mit seinem grenzüberschreitenden, trotzenden Verhalten weiter, gibt es keine weitere Ermahnung.

– Zur Beendigung empfiehlt sich der Wecker. «Wenn der Wecker klingelt, kannst du wieder kommen. Oder du bleibst so lange, bis du meinst, dass du dich beruhigt hast!»

– Das Kind wird während der Auszeit nicht angesprochen, nicht ermahnt oder beschimpft.

– Nach Beendigung der Auszeit kommt man wieder zusammen und klärt die Konflikte.

Unterschiedliche Erziehungsstile:
Können Kinder damit umgehen? (11)

Jakob Schulz, Vater des siebenjährigen Markus, erzieht anders als seine Frau: «Er reagiert», so Marianne Schulz, «nachgiebiger. Bei ihm darf er länger aufbleiben.» Sie atmet tief aus: «Und dann darf er beim Essen mit den Fingern in der Mahlzeit rumstochern.» Er lächelt, als er das hört: «Ihm macht's Spaß!» Sie wirft ihm einen giftigen Blick zu: «Und wer hat dann die Arbeit! Du oder ich?!»

Wie verhalten Sie sich?

A. Jeder hat seinen eigenen Erziehungsstil. Die Kinder können schon unterscheiden, woran sie bei ihren Eltern sind. Es ist nur wichtig, dass man sich nicht gegeneinander ausspielen lässt.

B. Man muss in der Erziehung an einem «Strang» ziehen, sonst bringt man die Kinder komplett durcheinander.

C. Man ist als Mutter überhaupt froh, dass der Vater mit erzieht. Dann soll er eben sein «Ding» machen. Irgendwie können die Kinder schon damit umgehen!

Antwort A hilft bei unterschiedlicher Erziehung

Unterschiedliche Auffassungen haben nichts damit zu tun, dass die einen besser, die anderen schlechter erziehen. Die Verschiedenheit hat vielmehr mit Nähe und Distanz zu den Kindern zu tun. Je näher man einem Kind ist, je mehr man mit den Kindern Normalität durchlebt, umso häufiger erfährt man Erziehung als Stress. Distanz führt manchmal zu mehr Gelassenheit und Großzügigkeit. Und hier liegt die Chance väterlicher Beziehung zu den Kindern, sind sie es doch, die aufgrund des (noch immer meist den Männern vorbehaltenen) Vollzeitjobs die eher distanzierte Beziehung zu Kindern aufweisen. Distanz meint aber nicht die Abwesenheit von Emotionalität, und unterschiedliche Erziehungsstile sind nicht zu verwechseln mit uneinigen Erziehungsstilen. Im uneinigen Erziehungsstil geht es niemals um das Wohl des Kindes. Der uneinige Erziehungsstil zerrt vielmehr am Kind. Vater und Mutter treten in ein Konkurrenzverhältnis. Jeder will dem anderen beweisen, wer der oder die Beste ist. Unterschiedliche Erziehungsstile müssen dagegen keine Konflikte auf der partnerschaftlichen Ebene mit sich bringen, wenn man zwei Grundsätze bedenkt:

– Zu überlegen ist zunächst, wer die Hauptlast der Entscheidung trägt. Hat die Mutter am Morgen die Folgen daraus zu tragen, dass die Kinder vom Vater zu spät ins Bett gebracht wurden, sollte dieser sich in seiner Großzügigkeit zurücknehmen.

– Ein weiteres Entscheidungskriterium kann sich aus der größeren Sachkenntnis – aber nicht: Besserwisserei oder bloße Besorgnis! – eines Elternteils ergeben. Wenn eine Mutter aus Erfahrung weiß, dass das eine Kind weniger Schlaf braucht, das andere aber mehr, dann bildet dies die Grundlage für die Entscheidung genauso wie jener Vater, der aufgrund seiner Beobachtung weiß, wie wichtig die körperliche Bewegung für das Kind ist.

Die kleinen Lügen: Wie verhalte ich mich? (12)

Gedankenverloren schaut Niklas in die Küche, in der seine Mutter steht und Geschirr in die Spülmaschine einräumt. «Niklas, bitte!», ruft die Mutter lauter, als sie es wollte: «Niklas! Nun mach schon!» Niklas erschrickt, stößt an das Glas, das umfällt. Saft ergießt sich über den Tisch. «Niklas! Pass doch auf, verdammt!» «Das war ich nicht!», zuckt Niklas etwas hilflos mit seinen Schultern. «Hör auf!» Die Mutter ist entrüstet: «Mich jetzt auch noch anlügen!»

Eine zweite Situation: Dorothea geht mit ihren Freundinnen in die Sandkiste, um «Sandkuchen» zu backen. Vorher geht sie noch in die Küche, nimmt ein Kuchenblech an sich. «Backe, backe, Kuchen!» – dieses Lied setzen die Kinder um, bis sie irgendwann nach Hause gehen. Dort angekommen, fragt die Mutter, ob Dorothea das Blech aus der Schublade genommen habe. Dorothea schüttelt den Kopf. «Aber da war einer am Schrank!» «Ich war es aber nicht!» Es entwickelt sich ein heftiger Wortwechsel. Da wird es der Mutter zu bunt, sie rennt zur Sandkiste, kommt mit dem Blech zurück: «Hier! Du lügst das Blaue vom Himmel runter!» «Habe ich vergessen!», meint Dorothea etwas kleinlaut. «Vergessen! Du spinnst komplett!»

Wie verhalten Sie sich?
A. Sie stellen die Kinder zur Rede, konfrontieren sie mit der Wahrheit, drohen bei der nächsten Lüge eine empfindliche Strafe an.
B. Sie können sich diese Lügen einfach nicht erklären, werden aber mit viel Fingerspitzengefühl versuchen, dem Verhalten Ihrer Kinder nachzuspüren.
C. Sie machen nicht viel Aufhebens davon, gehen zur Tagesordnung über und hoffen, dass sich das Verhalten Ihrer Kinder irgendwann ändern wird.

Antwort B versteht die Kinder und setzt zugleich Grenzen

Ich habe zwei kleine Situationen geschildert, die ganz unterschiedliche Bedingungen beleuchten, warum Kinder zwischen dem vierten und achten Lebensjahr schwindeln, flunkern oder mal zur Notlüge greifen:

- Bei Niklas ist es die (vielleicht unberechtigte) Angst vor elterlicher Strafe, einer unangemessenen Reaktion einer ihm vertrauten Person.
- Bei Dorothea sind es ganz offensichtlich Erinnerungslücken. Man glaubt es kaum, aber auch schon jüngere Kinder sind vergesslich, haben häufig noch kein differenziertes Gefühl, was in der Zeit so alles passiert.

Die beiden Situationen zeigen aber auch: Lügen sind nicht gleich Lügen und dürfen deshalb auch nicht gleich behandelt und bewertet werden. Manchmal lassen sich Lügen treffender und angemessener als «Spinnerei», als «Flunkerei» bezeichnen. Hinter dem «Flunkern» steht meist nicht eine böse Absicht, vielmehr konstruiert sich das Kind eine eigene, eine ganz subjektive Welt, an deren Existenz es glaubt. Wenn ein Kind dagegen bewusst lügt, dann nicht, weil es böse, gar unmoralisch ist, sondern weil das Kind denkt, es gäbe keine Alternative, sich anders zu verhalten. Bewusstes Lügen gründet häufig auf der Hoffnung, die Wahrheit möge nicht, vor allem aber nicht so schnell herauskommen. Drei Gedanken können beim Umgang mit dem «Flunkern» und «Lügen» eine hilfreiche Begleitung sein:

- Machen Sie nicht zu viel Aufhebens davon. Decken Sie im ruhigen, aber gelassenen Ton die Unwahrheit auf!
- Beschämen oder bestrafen Sie Ihr Kind nicht! Ein Vier-Augen-Gespräch trägt mehr zur Moralentwicklung eines Kindes bei als aufgeregt vorgebrachte Vorwürfe.
- Seien Sie Vorbild! Vermeiden Sie selber Notlügen.

Aufstand auf dem Marktplatz: Wie reagiere ich, wenn mein Kind in der Öffentlichkeit ausrastet? (13)

Isabelle wird von Trotzanfällen «geradezu geschüttelt», so ihre Mutter Rebecca Siemens: «Neulich lag sie minutenlang auf einem kalten Marktplatz, nur weil ich die Mütze etwas tiefer in ihre Stirn gezogen hatte, weil der Wind so eisig war.» Isabelle wäre auf der Stelle ausgeflippt, hätte sich auf den Boden geschmissen und wäre durch nichts mehr zu bewegen gewesen, wieder aufzustehen, weder durch behutsames Auf-sie-Einreden noch durch Drohung, die Mutter würde weitergehen, wenn sie sich nicht sofort erhebe. Die Mutter sieht mich an: «Aber je mehr ich redete, umso lauter wurde das Gekreische. Isabelle hielt sich die Ohren zu. Und brüllte! Und brüllte!» Sie sieht mich kopfschüttelnd an: «Und das Schlimmste an der Situation, wissen Sie, was das war?» Ich zucke mit den Schultern. Aus den Augen der Mutter blinzelt nackte Wut: «Eine Frau, die vorbeikommt und meint, so etwas habe es früher nicht gegeben!»

Wie verhalten Sie sich?
A. Sie werden auch wütend, ärgern sich über sich selbst, versuchen die Tochter zum Aufstehen zu bewegen. Als das nicht geschieht, bleiben Sie ratlos stehen und hoffen, Isabelle werde sich so schnell wie möglich beruhigen. Und die «wohlmeinende» Frau ignorieren Sie.
B. Nachdem Sie einige Zeit auf Isabelle eingeredet haben, aber der Trotzanfall nicht aufhört, bewegen Sie sich langsam von ihr fort in der Hoffnung, Isabelle werde nun aufhören und Ihnen folgen.
C. Sie bleiben bei Isabelle, stehen zu ihr, weil Sie wissen, sie kommt aus dem Trotzanfall heraus. Der Frau, die vorbeikommt und sich als Besserwisserin aufspielt, werfen Sie einen vernichtenden, bitterbösen Blick zu, und in Ihren Augen steht «Blöde Kuh!» geschrieben.

Wenn man es schafft, dann passt Antwort C

Trotzanfälle lassen sich nicht vermeiden. Sie sind Ausdruck einer inneren Zerrissenheit des Kindes: Es fühlt sich schon «groß», kann vieles, zum Beispiel die Mütze aufsetzen, und dann wird das durch die erwachsene Person – gut gemeint zwar – korrigiert. Die Folge: Das Kind fühlt sich manipuliert – und flippt aus. Und zwar innerhalb von kürzester Zeit. Es bleibt kein Raum für eine angemessene Reaktion, um das Kind ab- oder umzulenken. Das Kind steht komplett neben sich, keine Macht der Welt vermag es zu beruhigen. Es bleibt nur eine Maßnahme übrig: Beim Kind zu bleiben, zum Kind – im wahrsten Sinne des Wortes – zu stehen und so dem Kind Nähe zu geben. Aber schon gar nicht auf das Kind – körperlich oder sprachlich – weiter einzuwirken. Das Kind ist unansprechbar, es will in Ruhe gelassen werden und trotzdem Zuwendung spüren. Die Botschaft des Trotzanfalls lautet: Lass mich los, aber halt mich fest! Man sollte daran denken: Trotzanfälle kommen ebenso schnell wie sie aufhören. Die Beschimpfung anderer, fremder Personen sollte man ignorieren oder aber diese Personen selbstbewusst fragen: «Sie sehen so klug aus, was würden Sie mir raten?» Dann hat man vor denen für alle Zeit Ruhe.

Fernsehsucht: Was mache ich, wenn mein Kind ständig fernsehen will? (14)

«Eigentlich», so eine Mutter, «gehen meine beiden Mädchen sehr selbstbewusst mit dem Fernsehen um.» Die Mutter spricht von Elena, acht, und Mira, sechs Jahre alt. Manchmal, vor allem an Tagen, wo es regnen würde, so die Mutter, schauen sie einfach mehr oder auch im Winter. Da würden sie ständig nerven, ob sie nicht doch noch eine Sendung sehen könnten. Eigentlich würde sie es ja gerne gestatten, aber man liest so viel über fernsehsüchtige Kinder, davon, dass sie abhängig würden von diesen Medium. «Ich glaub's bei meinen Töchtern ja nicht, aber trotzdem macht man sich so seine Gedanken!»

Wie verhalten Sie sich?
A. Die Angst sitzt einem in den Knochen. Und da ich ein eher vorsichtiger Mensch bin, setze ich klare Grenzen. Ich will mir später keine Vorwürfe machen.
B. Mein Gott! Natürlich ist die Glotze manchmal ein Problem! Die medialen Einflüsse darf man nicht verharmlosen, aber doch auch nicht dramatisieren! Es gibt Tage, da sehen meine Kinder viel fern, aber dann gibt es Wochen, da ist ihnen der Fernseher völlig egal. Trotzdem: Es muss schon Regeln geben!
C. Es wird mit dieser Fernsehsucht doch komplett übertrieben. Hatten wir nicht vor zweihundert Jahren einmal eine Lesesucht-Debatte? Also muss man eben das richtige Maß finden. Und außerdem: Ich schaue ja auch gerne fern! Was soll ich den Kindern da schon sagen?

Antwort B ist angemessen, aber nicht immer leicht durchzuhalten

Angst vor dem Fernsehen ist ein schlechter Ratgeber. Angst verunsichert, behindert, macht handlungsunfähig. Zweifelsohne wirft der Fernsehkonsum der Kinder Probleme auf, macht er die Erziehung nicht leichter. Aber was für andere Bereiche der Erziehung gilt, trifft auch für das Fernsehen zu: Kinder wollen Klarheit und Orientierung. Bei der Fernseherziehung kommt es darauf an, mit Kindern gemeinsame Absprachen zu treffen, aber dort Grenzen zu setzen, wo sie maßlos werden.

Es gibt keine Rezepte zur Fernseherziehung. Doch sollte man speziell beim Fernsehen einiges beachten:

- Kinder gehen anders mit den Sendungen um als Erwachsene. Sie versuchen, das Gesehene durch Mimik und Gestik zu verarbeiten. Solche Verarbeitungsformen dürfen Sie nicht unterbinden!
- Der Fernsehapparat sollte nach Möglichkeit nicht der Mittelpunkt der Wohnung sein. Ein Fernsehapparat in einer ruhigen Ecke oder einem abgelegenen Zimmer signalisiert, dass er nebensächlich ist. Und er bietet dem Zuschauenden die Möglichkeit, eine Sendung zu genießen, ohne andere Familienmitglieder zu stören.
- Kinder brauchen Zeit zur Verarbeitung von Sendungen. Dies gilt vor allem im unmittelbaren Anschluss. Die Dauer der Nachbereitung hängt allerdings vom Kind sowie davon ab, wie stark es von der Sendung gefühlsmäßig berührt ist. Vermeiden Sie es auf jeden Fall, die Kinder im Anschluss an eine Sendung aus- und abzufragen. Warten Sie, bis Ihr Kind von sich aus das Gespräch anbietet. Denken Sie daran: Nicht das Gespräch ist die wichtigste Form der Nachbereitung, sondern das Spiel.

Hausaufgaben:
Wie kann man den Stress damit verhindern? (15)

«Der wirklich einzige Stress bei uns», erklärt mir Monika Schröder, «ist der mit den Hausaufgaben. Da bittet Jonas um Hilfe, aber wenn ich dann bei ihm bin, trödelt er rum. Nach kürzester Zeit haben wir ziemlichen Ärger miteinander, brüllen uns an. Ich renne irgendwann wutentbrannt aus seinem Zimmer, er hinterher und beschimpft mich mit den übelsten Worten.»

«Mein Max», erzählt Veronika Mattes, «schiebt die Hausaufgaben ständig vor sich her. Er hat sowieso zurzeit kein Interesse an der Schule, nur sein Handball und seine Freunde. Er muss doch auch etwas lernen! Verdammt!» Sie schüttelt den Kopf. «Wo soll das sonst enden? Und an manchen Tagen, da weiß Max nicht einmal, was er aufhat.»

Wie verhalten Sie sich?

A. Ich finde, Hausaufgaben sind wichtig. Aber sie sollten die Atmosphäre in einer Familie nicht vergiften! Hausaufgaben brauchen einen festen Rahmen, und dafür können wir als Eltern schon sorgen.

B. Eine zu lässige Haltung führt hier zu gar nichts. Da muss man auch einmal die Auseinandersetzung riskieren. Besser jetzt den Stress, als später Versäumtes nachzuholen. Denn: «Was Hänschen nicht lernt, lernt Hans nimmermehr!»

C. Die Kinder müssen selber erfahren, warum die Hausaufgaben wichtig sind. Ich mache mich als Mutter oder Vater doch nicht zu Ersatz- oder Nebenlehrern. Wenn die Kinder schlechte Noten schreiben, dann erfahren sie schon, wie wichtig das Lernen ist.

Antwort A zeigt einen Mittelweg auf

Wie in vielen anderen Situationen des Alltags haben auch bei den Hausaufgaben Rituale eine große Bedeutung. Die Hausaufgabenzeit wird nicht jeden Tag neu diskutiert, gar modifiziert!

Die zentrale Aufgabe der Eltern besteht also darin, auf die Einhaltung der Hausaufgabenzeit zu achten und, falls notwendig, über Konsequenzen nachzudenken.

Der feste Beginn der Hausaufgaben gehört genauso zur Absprache wie der vorgesehene Ablauf sowie das Ende.

Hinsichtlich der Länge haben sich Fachleute so festgelegt:

- Für die Sechs- bis Achtjährigen kann man 40 bis 50 Minuten veranschlagen, wobei man nach einer halben Stunde eine Pause von 5 bis 15 Minuten (je nach Temperament des Kindes) einplanen sollte.

- Bei den Neun- bis Elfjährigen darf es etwa eine Stunde dauern. Auch hier empfiehlt sich eine Pause.

- Sollten die Hausaufgaben nicht fertig sein, kann man den zeitlichen Rahmen etwa 10 bis 20 Minuten ausdehnen. Findet das Kind trotz intensiver Bemühungen kein Ende, bietet man seine Mithilfe an. Die (bessere) Alternative: Man bricht ab und schreibt eine Notiz an die Schule. So werden die Bemühung von Kind und Eltern deutlich.

Noch ein Satz zu den Pausen, die bei vielen Eltern auf Skepsis stoßen. Tatsächlich nehmen sich Kinder nach einer bestimmten Zeit – mal fünf, mal zehn, mal fünfzehn Minuten, je nach Typ und Temperament – Auszeiten. Weil sie unkonzentriert werden. Es ist mithin sinnvoll, Pausen von vornherein einzuplanen. Die «selbstverordneten» Pausen helfen dem Kind häufig, seine innere Balance aus Bewegung und Ruhe herzustellen und zu halten.

«Gute» Worte:
Warum erreicht man damit nichts? (16)

Kai, acht Jahre, überschreitet Grenzen, wo er nur kann. «Sich an ihnen zu reiben, das scheint für ihn ein richtiger Sport, eine wahnsinnige Herausforderung zu sein», formuliert eine sichtlich genervte Mutter. «Mit guten Worten erreicht man bei ihm nichts, rein gar nichts!», ergänzt der Vater. Er schüttelt seinen Kopf: «Ich weiß nicht, was man da noch machen soll.»

Wie verhalten Sie sich?
A. Sie resignieren allmählich, weil Sie alles ausprobiert haben. «Dann soll er doch machen, was er will. Irgendwann wird er schon merken, dass er mit seiner Tour nicht weiterkommt. Einer wird ihm schon die Grenzen aufzeigen. Und dann muss er die Sache ausbaden, und zwar alleine.»
B. Sie überlegen: Mit «guten» Worten erreicht man gar nichts, aber wirklich nichts. Ich muss in meiner Ansprache klarer werden. Und mein Sohn muss erfahren, woran er bei mir ist.
C. Mein Sohn will es nicht anders! Er will anscheinend, dass ich laut werde, dass ich brülle. Das kann er haben, wenn er das unbedingt möchte.

Antwort B bietet einen Ausweg aus der «Laberei»

Eltern wundern sich, wenn sich Kinder an den Absprachen reiben. Eltern machen das, was sie am besten können: Sie reden und reden und reden ... Und treffen auf vater- und muttertaube Kinder. Damit werden die Eltern Hauptdarsteller im «Drama der guten Worte», das aus vier Akten besteht.

Der erste Aufzug ist der «Bitte-Satz»: «Räum *bitte* auf!», «Komm *bitte* her!», «Lass das *bitte* sein!», «Sei *bitte* leise!», «Sei *bitte* brav!». Eltern sagen diese Sätze unzählige Male, bis sie den Kindern zu den Ohren herauskommen – und dennoch ändert sich nichts.

Der zweite Aufzug steigert die Erwartungshaltung der Kinder. Hier fällt häufig ein Satz wie: «Muss ich's dir noch zweimal sagen ...?» Unüberhörbar ist ein leicht gereizter Klang in der Stimme von Vater und Mutter. Schauen Sie in diesem Zustand mal die Kinder an. Die stehen schmunzelnd vor Ihnen, als würden sie sagen: «Ihr sagt es heute noch zehnmal und macht es dann doch alleine!»

Im dritten Akt nimmt die Lautstärke zu: «Muss ich denn erst böse werden?», schreit der Vater oder die Mutter. «Oder muss ich erst laut werden?» Blicken Sie in die Gesichter der Kinder, die drücken aus: «Gleich gehen sie hoch wie eine Rakete!»

Im vierten Akt steht man dann neben sich. Man brüllt die Sätze in Halbwertszeit: «Ich fahr dich nie mehr in die Schule!», «Du kommst nie mehr mit in den Urlaub!». Das sind Sätze, bei denen man hofft, sie würden auf der Stelle in den Mund zurückkommen. Schauen Sie jetzt mal Ihre Kinder an! Die einen stehen kopfschüttelnd vor Ihnen: «Müsst ihr immer gleich so ausflippen!», die anderen grinsen verschmitzt: «Das tut ihnen gleich leid!»

Mein Tipp: Seien Sie authentisch! Klare Sätze, nicht zu verwechseln mit Schreien, schützen vorm Ausflippen.

Der verdammte Computer:
Wie bringe ich die Kinder zu einem vernünftigen
Umgang damit? (17)

Leon, acht Jahre, «hängt», wie seine Eltern bemängeln, «ständig am Computer herum. Der hat für nichts anderes mehr Zeit.» Leon geht «die Nörgelei» seiner Eltern wegen des Computers «ziemlich auf die Nerven». Er schaut mich ernst an: «Ich bin gut in der Schule, habe Freunde, gehe zum Fußball.» Das stimme schon, meinen die Eltern, und trotzdem machten sie sich Sorgen, weil der Computer, vor allen Dingen Spiele, so sehr das Leben ihres Sohnes bestimmten.

Wie verhalten Sie sich?

A. Sie geben klare zeitliche Regeln für den Umgang mit dem Computer vor. Und Sie lassen sich die Spiele von Ihrem Sohn erklären, weil Sie Einblick in das haben wollen, was Ihren Sohn interessiert. Schließlich können Sie von den Computerkompetenzen Ihres Sohnes ja durchaus profitieren.

B. Irgendwie kann man das doch alles nicht verhindern. Ich sehe zwar die Nachteile beim Computer, aber ich kann mich nicht gegen die technologische Entwicklung stellen. Also lasse ich das zu. Wenn auch mit schlechtem Gewissen. Und da ich beim Computer nicht mehr durchblicke, habe ich auch keine Chance, erzieherisch einzugreifen. Ich mach mich doch nicht lächerlich.

C. Der Computer ist für die Kinder und ihre Zukunft ein echter Fortschritt. Die müssen damit umgehen lernen, sonst werden sie einfach abgehängt. Und die finden sich schon allein zurecht. Das reguliert sich von alleine.

Auch beim Umgang mit dem Computer sind Grenzen nötig, deshalb Antwort A

Je mehr die Nutzung des Computers in ein kommunikatives Umfeld (Familie, Geschwister, Freund) eingebunden ist, umso anspruchsvoller ist sie.

Der Umgang mit dem Computer kann ein gegenseitiger und gemeinsamer Lernprozess sein. Eltern können von Kindern lernen, den Computer technisch zu beherrschen. Kinder können von ihren Eltern erfahren, dass ein rein technischer Zugang zu einseitig ist.

Für Eltern können nachstehende Gedanken wichtig sein:

– Machen Sie sich bewusst, aus welchen Motiven Ihr Kind mit dem Computer spielt. «Zu viel computern» – das Maß ist schwer zu bestimmen, entscheidend ist die Motivation, mit der ein Kind an den Computer herangeht. Wenn er zur Flucht benutzt wird, zur Selbstisolation, dann ist schon die kürzeste Computerzeit zu viel.

– Kinder brauchen Unmittelbarkeit, Anschaulichkeit, Bewegung, den Kontakt zu Gleichaltrigen. Deshalb muss sich Computergebrauch dem normalen Tagesablauf des Kindes unterordnen und nicht umgekehrt.

– Verbote helfen in der Regel wenig, fördern kindlichen Widerstand und Protest. Der Computerentzug fördert eher einen Trend zur heimlichen Nutzung.

– Wenn Ihnen die Inhalte von Computerspielen nicht gefallen, sagen Sie dies dem Kind. Vermeiden Sie aber Moralpredigten und besserwisserische Belehrungen.

– Die Kontrolle der Eltern gilt insbesondere für das Internet. Es vermag Kinder durchaus beim Lernen zu unterstützen, aber der Zugang kann auch mit Gefahren verbunden sein. Sowohl in den Chat-Räumen als auch beim Treffen von Verabredungen mittels Internet ist Vorsicht geboten! Auch hier bringen Verbote nichts, bleiben Sie stattdessen mit Ihrem Kind im Gespräch.

Trödelnde Kinder:
Was mache ich mit meinem Sohn, der bummelt,
aber in die Schule muss? (18)

Hannes ist ein «Morgenmuffel», wie seine Mutter sagt. Er sitzt gegen 6.45 Uhr vor seinem Kakao und sieht den Blasen nach, die entstehen und zerplatzen. Seine Mutter umkreist ihn mit immer heftiger werdender Stimme: «Hannes, du verpasst den Bus!», und drohender: «Hannes, heute fahre ich dich aber nicht.» Mit einem Male springt er auf, rennt zur Bushaltestelle und sieht, wie die Rücklichter des Busses entschwinden.

Wie würden Sie sich verhalten?

A. Sie sind zwar sauer auf Ihren Sohn, haben zugleich aber irgendwie Mitleid mit ihm, denken an die Folgen und fahren ihn, wenn auch schimpfend, in die Schule.

B. Sie bleiben zu Hause, Sie halten es gefühlsmäßig fast nicht aus. Aber Sie lassen ihn gehen, auch wenn Sie wissen, dass er zu spät kommt.

C. Sie drohen mit Fernsehentzug und Hausarrest, wenn er nochmal bummelt und trödelt. Aber an diesem Morgen fahren Sie ihn hin.

Wenn Sie Antwort B durchhalten, dann Hochachtung!

Kinder müssen die Folgen erfahren, die sich aus ihrem Verhalten, z. B. der morgendlichen Trödelei, ergeben. Jedes Kind hat die Freiheit, Grenzen zu überschreiten, getroffene Absprachen zu missachten, verabredete Regeln zu übertreten, aber es muss zugleich Verantwortung für das eigene Handeln übernehmen. Freiheit und Verantwortung gehören zusammen und sind untrennbar verbunden. Es geht also nicht, den Kindern Freiheiten zu geben und den Eltern die Verantwortung, nach dem Motto: «Ich lass mir morgens Zeit, und wenn es dann zeitlich eng wird, fährt Mama mich schon!» Denn viele Eltern fühlen sich für die Unpünktlichkeit des Kindes persönlich verantwortlich, so als würden sie sich selber verspäten. Folglich braucht sich das Kind nicht zu verändern, weil es um den helfenden Engel in letzter Sekunde weiß, der – wenn auch murrend und knurrend – die Kastanien aus dem Feuer holt. Kinder wissen, die wüsten Verwünschungen («Sieh zu, wie du in die Schule kommst!», «Ich fahr dich nie mehr in den Kindergarten!»), ausgestoßen im Zustand erhöhter hormoneller Irritation, aufgrund ihrer Alltagserfahrungen richtig einzuschätzen: Solche Aussagen werden von Eltern nach einiger Zeit kleinlaut oder missmutig, reuig oder entschuldigend zurückgenommen.

Rituale: Verändern oder durchziehen? (19)

Ihr siebenjähriger Daniel bringe sie jeden Abend, so die Mutter, zur puren Verzweiflung. Das Gute-Nacht-Ritual müsse jedes Mal gleich ablaufen. Und wehe, da ist nur die kleinste Änderung, dann drehe er komplett durch, werde richtig böse. «Sie glauben gar nicht», erzählt sie mir, «der flippt komplett aus!»

Wie verhalten Sie sich?

A. Da kann man nichts machen. Rituale geben den Kindern Sicherheit. Und daran muss man – wohl oder übel – festhalten.

B. Jetzt hört es aber auf! Kinder setzen einen schon gehörig unter Druck. Frustrationen muss man auch mal aushalten. So schlimm kann es doch nicht sein, wenn man mal etwas verändert.

C. Kinder haben einen Rhythmus. Kinder brauchen Zeit, um sich auf Veränderungen einzulassen. Und diese Zeit, die muss man ihnen lassen, auch wenn es nervt! Vor allem muss man Veränderungen erklären.

Die Antwort hängt von der Tagesform ab, also mal A, mal C

Der äußere Halt, den Rituale bieten, ist wichtig für das innere Wachstum nicht nur der Kinder. Die zunehmende Entritualisierung des Alltags, des Lebens schlechthin, hat eine «neue Unübersichtlichkeit» mit sich gebracht. Klare und offene Rituale, die eingebunden sind in den Prozess von Entwicklung und Leben, geben Kraft; Rituale geben Auskunft, wie man Leben sinnvoll und inhaltsreich inszenieren kann. Vor allem Kinder spüren die große Bedeutung, die Rituale und die damit verbundenen Symbole haben. Und da Kinder Rituale selber schaffen können, haben sie ein selbstbestimmtes Mittel in der Hand, ihre innere und äußere Wirklichkeit zu gestalten.

Rituale zeichnen sich durch zentrale Bestandteile aus:

- Das Ritual hebt sich vom Alltag ab. Das Ritual lebt durch seine Stilisierung. Vor allem die Wiederholung, mit der das Ritual vollzogen wird, gibt dem Kind Sicherheit und Selbstvertrauen.
- Das Ritual bietet Verlässlichkeit, signalisiert Zugehörigkeit. Es unterteilt gewohnte Abläufe: den Tag, die Woche, den Monat, das Jahr. Das Ritual erleichtert Übergänge, hilft bei der Bewältigung von Krisen.
- Durch das Ritual kann das Ungewohnte – z.B. der Gang in den Kindergarten, der Übergang in die Nacht – alltäglich werden. Das Ritual bewahrt nicht nur auf, es schafft neue Gewohnheiten, es ermutigt, macht Lust, Räume jenseits gewohnter Grenzen kennenzulernen.

Wenn der Weg das Ziel ist, Wege erst im Gehen entstehen, dann sind Rituale wie Geländer, die Halt bieten. Manche dieser Stützen begleiten den Menschen viele Jahre, andere werden zurückgelassen oder ausgetauscht.

Geschwisterstreit:
Wann soll ich eingreifen? (20)

Jakob, vier Jahre, und Jonas, sechs Jahre, «streiten sich nur. Das ist
der reinste Krieg!», ereifert sich die Mutter. «Die schubsen sich, die
fluchen, können gar nicht schön miteinander spielen!» Neulich habe
Jonas den Jakob umgeschubst, der wäre gefallen, habe daraufhin laut
gebrüllt. «Da bin ich ins Zimmer gestürzt und habe Jonas angefaucht:
‹Was hast du da gemacht?›» Sie schüttelt ihren Kopf heftig hin und
her: «Aber der hat nur gegrinst und gemeint, Jakob habe angefangen!»

Wie verhalten Sie sich?

A. Das ist Sache der Kinder. Auch der Jüngere ist nicht unschuldig,
   hat seine Hände mit im Spiel gehabt. Ich halte mich da komplett
   raus.

B. Ich kann da nicht außen vor bleiben. Sie sind noch zu klein, Konflikte allein zu lösen. Ich werde Jonas aus dem Zimmer schicken,
   Jakob trösten und dann mit Jonas unter vier Augen reden und ihm
   erklären, dass sein Verhalten unangemessen war.

C. Ich werde beide trennen und dafür sorgen, dass sie einige Zeit
   nicht mehr miteinander spielen. Und Jonas werde ich sagen, da er
   der «Größere» ist, müsse er auch der «Vernünftigere» sein und mal
   nachgeben.

Antwort B entschärft den Streit

In *zwei* Situationen sind elterliche Eingriffe unverzichtbar:

- Bei Aggressionen gegenüber dem Geschwisterkind, die so offenkundig geschehen, dass Eltern diese bemerken müssen. Greift man hier nicht ein und ignoriert verletzende Zugriffe, so weiten diese sich aus.
- Ähnliches gilt, wenn der Geschwisterstreit ständig vor Augen und Ohren der Eltern stattfindet, sie mithin Zuschauer und Adressaten der Auseinandersetzung sind. Wer wegschaut, trägt zur Eskalation des Konfliktes bei. Meist inszeniert ein älteres Geschwisterkind diesen Streit so, dass Eltern einbezogen werden.

Damit stellt sich häufig nicht so sehr die Frage, ob, sondern vielmehr, wie denn eingegriffen werden soll. Wer dem «Täter» die erste Aufmerksamkeit gibt, darf sich nicht wundern, wenn der an seinem Verhalten festhält, verschafft ihm das doch Zuspruch. Denn auch negative Aufmerksamkeit ist Aufmerksamkeit. Angemessener sind zwei andere Verhaltensweisen:

- Zunächst das «Opfer» kurz in den Arm nehmen, aber kein übertriebenes Mitgefühl zeigen. Während man dem «Opfer» sein Mitgefühl ausdrückt, schickt man den «Täter» unmissverständlich aus dem Raum: «Ich möchte, dass du gehst!» Sollte dieser nicht gehen, verlässt man mit dem jüngeren Kind das Zimmer.
- Kommt man in ein unübersichtliches «Schlachtengetümmel», kann es sinnvoll sein, beide zu trennen, um mit ihnen danach zu reden – freilich nicht darüber, wer angefangen hat, sondern über Strategien, wie man sich angemessener auseinandersetzen kann. Oder man bespricht mit dem älteren Kind unter vier Augen, wie dieses künftig die Situation anders als mit körperlichen Kräften lösen kann.

Warum will mein Sohn partout seine Windeln anbehalten, wenn er doch schon sauber ist? (21)

Der knapp vierjährige Robert geht zwar, wie die Eltern zufrieden fest-stellen, selbständig aufs «Töpfchen», aber trotzdem will er noch seine Windeln anbehalten und «macht diese auch mit Wonne voll», so der Vater, «ja, man hat den Eindruck, als wolle er die vollgeschissenen Windeln anbehalten». Andere Kinder, wundert sich Roberts Mutter, sind «zu dieser Zeit schon komplett sauber!».

Wie verhalten Sie sich?

A. Sie lassen dem Kind Zeit, weil jedes Kind sein eigenes Tempo hat, um trocken und sauber zu werden. Trainingsprogramme zur Sauberkeitserziehung, das haben Sie gelesen, haben nur einen be-grenzten Wert.

B. Sie arbeiten mit einem System aus Drohung und Belohnung (zum Beispiel Süßigkeiten), um den Sohn dazu zu bewegen, auf die Win-deln zu verzichten.

C. Sie verbieten Ihrem Sohn konsequent die Windeln und erklären ihm, dass man in seinem Alter Windeln nicht mehr braucht, und zeihen andere Kinder als Vergleich heran.

Antwort A orientiert sich am kindlichen Entwicklungsstand

Jedes Kind kommt mit einem ganz eigenen Tempo auf die Welt, was die Sauberkeit anbetrifft – das eine früher, das andere später. Hier ist es wichtig, Kinder nicht ständig miteinander zu vergleichen. Jedes Kind wird sauber – irgendwann. Ein verfrühtes Sauberkeitstraining führt nur zu Machtkämpfen zwischen Eltern und Kindern und beeinträchtigt die Beziehung: Die Eltern wollen, dass das Kind loslässt, ins Töpfchen macht, das Kind hält den Schließmuskel zu – und lässt dann los, wenn die Eltern abmarschbereit für den Theaterbesuch vor dem Kind stehen. Wenn die Kinder noch unbedingt Windeln wollen, dann lässt man sie ihnen. Irgendwann sind sie ganz stolz darauf, eigenständig darauf zu verzichten, weil sie beschlossen haben, nun «groß zu sein».

Mobbing:
Was kann man tun, wenn das eigene Kind
betroffen ist? (22)

Michaela, dreizehn Jahre, und die gleichaltrige Daniela sind an ihrer Hauptschule gefürchtet. Sie setzen ihre Mitschüler und -schülerinnen unter Druck – mal körperlich, mal sprachlich. Als Jonas nicht tut, was er Michaela versprochen hat, bricht sie ihm mit einem kurzen Schlag das Nasenbein. Jonas ist ein bevorzugtes Opfer der beiden Mädchen. «Der lässt sich alles gefallen», klagen Jonas' Eltern.

Wie verhalten Sie sich?

A. Das mit dem Mobbing wird wirklich übertrieben. Früher gab es auch heftige Schlägereien zwischen Jugendlichen. Da kann man nicht viel machen. Man kann das eigene Kind höchstens bestärken: «Wehr dich! Hau zurück!»

B. Ich werde mit der Schule reden, damit die Täter von der Schule fliegen. Das Mobbing entsteht in der Schule, also muss es auch dort gelöst werden. Man kann sich als Eltern nicht um alles kümmern.

C. «Mobbing» ist ein komplexes Thema, das nur in der Zusammenarbeit von Elternhaus und Schule angegangen werden kann. Man darf dabei aber nicht allein auf die Täter starren, gerade das Opfer muss Unterstützung und Solidarität erfahren.

Antwort C geht das Thema professionell an

Mobbing ist Bestandteil eines aggressiven Verhaltens, das darauf ausgerichtet ist, jemand anders gezielt zu schädigen. Beim Mobbing spielt der soziale Zusammenhang eine ganz zentrale Rolle. Der Täter oder die Täterin verfügen über physische Kräfte oder verbale Fähigkeiten, die sie in eine «Chef»- oder Bestimmerrolle bringen. Das Opfer kann sich dem Druck oder der Schädigung nicht entziehen, es öffnet sich meist spät anderen, um die Übergriffe mitzuteilen.

Von Mobbing redet man, wenn die Verhaltensmuster über einen längeren Zeitraum stattfinden, sich in immer neuen quälenden Varianten wiederholen.

Um Mobbing zu unterbinden bzw. zu verhindern, sind Maßnahmen auf vier Ebenen vonnöten:

– Mobbing wird unterstützt (nicht erzeugt!) durch ein unfreundliches, unsoziales Schulklima. Mobbing findet oft in wenig einsehbaren Räumen, Gängen, Fluren und Ecken statt, wo Aufsicht fehlt oder keine Verhaltensregeln festgelegt sind.

– Soziale und kommunikative Fähigkeiten der Schüler können Mobbing nicht verhindern, aber sie vermögen es zu begrenzen und schlussendlich abzubauen.

– Mit den Tätern sind Einzelgespräche zu führen, ist auf Wiedergutmachung zu drängen. Die Täter sind mit den Folgen ihres Tuns zu konfrontieren, um ein moralisches Gewissen zu entwickeln.

– Beim Mobbing vergisst man häufig die Opfer, übersieht man die Geschädigten. Gerade beim Mobbing kommt es darauf an, dass das Opfer Selbstsicherheit und Selbstbewusstsein entwickelt. Hilfe zur Selbsthilfe ist notwendiger denn je, um den Opfern das Gefühl zu vermitteln, sich eigenständig gegen Übergriffe behaupten zu können.

Strafe und Konsequenz:
Was ist der Unterschied? (23)

«Also», erklärt mir Miriam Schrader, die Mutter der achtjährigen Svenja, «man kommt ohne Bestrafung einfach nicht aus. Wie soll ich denn sonst Regeln und Absprachen durchsetzen? Die machen doch sonst, was sie wollen.» Sie schaut ganz ernst drein: «Ich lasse mir doch nicht auf der Nase rumtanzen, verdammt nochmal!» Wenn ihre Tochter unpünktlich nach Hause komme, dann wird am nächsten Tag der Besuch bei der Freundin gestrichen! «Basta! Da kann Svenja noch so viel Terror machen, wie sie will!»

Wie verhalten Sie sich?
A. Sie finden, Strafen sind wichtig, wenn Kinder Grenzen überschreiten. Und Strafen müssen auch wehtun, nicht körperlich, aber sie müssen spürbar sein.
B. Kinder haben das Recht, Grenzen zu überschreiten. Aber Strafen, die sie dann bekommen, bewirken nichts. Mit Strafen erzieht man angepasste Persönlichkeiten, die sich vieles gefallen lassen und später auch wieder nur strafen!
C. Strafen bringen natürlich nichts, aber Kinder müssen schon die Folgen ihres grenzüberschreitenden Tuns spüren. Nicht Strafen sind deshalb angesagt, sondern Konsequenzen, natürliche Folgen! Doch es ist gar nicht so einfach, die Unterschiede zwischen Konsequenzen und Strafen zu erkennen – und dies dann auch noch im Alltag umzusetzen.

Die Antworten B und C beschreiben das komplexe Thema am klarsten

Strafen mögen zwar kurzfristig einen Konflikt beenden – «Wenn du jetzt nicht aufhörst, dann wirst du schon sehen, was du davon hast!» – oder ein Resultat zeitigen: «Wenn du jetzt nicht Hausaufgaben machst, gibt's nachher kein Fernsehen!» Das ist aber nur ein kurzzeitiges Erfolgserlebnis, denn durch Strafen werden Kindern keine Möglichkeiten aufgezeigt, das grenzüberschreitende Verhalten zu ändern.

Die Strafe

– führt dazu, dass Eltern ihre pädagogische Aggression legitimieren – nach dem Motto: «Meinst du, mir macht es Freude, dass ich dich bestrafen muss?»;

– erzeugt Versagensgefühle beim Kind («Ich bin böse!») und Schuldgefühle bei den Eltern («Ich kann nicht erziehen!», «Ich erziehe schlecht!»).

Kinder lernen mehr aus Konsequenzen. Kinder müssen die natürlichen Folgen, die sich aus unangemessenem Handeln ergeben, erfahren.

Konsequenzen stehen in Zusammenhang mit dem Regelverstoß. Sie stellen natürliche Folgen dar, die beim Kind Einsicht wecken sollen:

– Konsequenzen müssen dem Kind *vor* der Grenzüberschreitung klar sein. Es kann Absprachen einhalten, dann treten die Konsequenzen nicht in Kraft. Missachtet ein Kind dagegen Absprachen, dann weiß es um die Konsequenzen.

– Auch die Konsequenzen argumentieren mit einer «Wenn-dann»-Formulierung. Ähnlichkeiten zur Strafandrohung sind *sprachlich* unverkennbar. Gleichwohl hat die «Wenn-dann»-Verknüpfung bei der Konsequenz eine andere Bedeutung. Die Konsequenz baut darauf auf, dass Kinder an der Beseitigung von Störungen mitarbeiten *wollen*. Bei Konsequenzen geht es nicht um Schuld, sie wollen Lösungen durch Einsicht.

Was mache ich, wenn mein vierjähriger Sohn jede Nacht zu uns ins Bett kommt? (24)

Der vierjährige Manuel kommt jede Nacht zu den Eltern ins Bett gekrabbelt. «Man kann die Uhr danach stellen», stöhnt eine sichtlich genervte Mutter. Oder ein schlaflos aussehender Vater ergänzt: «Und dann legt er sich zwischen uns. Und wühlt! Und wühlt! Da ist an Schlaf nicht mehr zu denken!» Und mit einem Anflug von Resignation fährt er fort: «Der kann doch endlich mal in seinem Zimmer bleiben! Der ist schließlich schon vier!»

Wie verhalten Sie sich?

A. Sie tragen das Kind wieder in sein Zimmer zurück – ungeachtet des möglicherweise lautstarken Protestes. Es muss erfahren, dass die Eltern ein Recht auf eine erholsame und geruhsame Nacht haben.

B. Sie haben es aufgegeben, nachts noch pädagogisch wertvoll zu handeln. Deshalb lassen Sie die nächtlichen Besuche zu, und wenn das Kind sich zu heftig im elterlichen Bett bewegt, zieht ein Elternteil ins Kinderzimmer um oder auf eine Matratze, die neben dem Bett liegt. Man muss manchmal eben pragmatisch sein!

C. Ein Kind braucht auch nachts Geborgenheit. Es wacht auf, es ist dunkel, und es fühlt sich allein. Dann braucht es Zuwendung. Und Sie fragen sich: «Sind Durchschlafprobleme nicht auch normal? Aber muss es sich die Nähe auf solche Art und Weise holen?» Vielleicht muss man die Durchschlafprobleme eine Zeitlang akzeptieren und Wege finden, damit umzugehen.

Auch hier kommt es auf die Tagesform an, also mal B, mal C

Durchschlafprobleme sind normal. Temperament und Konstitution des Kindes prägen diese entscheidend mit. So haben pädagogische Maßnahmen manchmal nur bedingt Einfluss. Gleichwohl gibt es ganz pragmatische Möglichkeiten für Eltern, Probleme anzugehen und Lösungen zu finden:

- Prüfen Sie zunächst: Wollen Sie die Schlafprobleme der Kinder wirklich ändern?
- Schlaftagebücher können das Ausmaß des Schlafproblems genauer bestimmen. Souffleure von außen machen gerne aus der Mücke einen Elefanten.
- Fragen Sie sich: Haben die Durchschlafprobleme mit der Stimmung in der Familie zu tun? Liegen diese Probleme vielleicht in der Geschwisterrivalität begründet? Stören gemeinsame Schlafräume die unterschiedlichen Schlafrhythmen der Kinder? Lassen Sie *zu viele* Ausnahmen beim Zubettgehritual zu? Oder drückt sich in dem Problem eine wachsende Selbständigkeit des Kindes aus?

Ein kleiner Trost: Der Durchschlafrhythmus spielt sich im Laufe der kindlichen Entwicklung ein. Doch kann man keine Prognose darüber anstellen, wann ein Kind allein in seinem Bett durchschläft. Um das Kind dabei zu unterstützen, noch ein paar sehr praktische Tipps:

- Man sollte dem Kind unter dessen Kopfkissen T-Shirts oder andere Kleidungsstücke legen, die die Mutter drei Tage getragen hat, die also ihren Geruch angenommen haben. Zudem kann man eine Lichtquelle anlassen, sodass das Kind, wenn es aufwacht, nicht von völliger Dunkelheit umgeben ist.
- Man kann auch eine Matratze neben das elterliche Bett legen, auf die sich das Kind dann legt. Mein Vorschlag: Man bezieht die Matratze mit dem Bettzeug, in dem die Eltern zwei, drei Tage geschlafen haben, sodass das Kind das Gefühl hat, ganz nah bei den Eltern zu sein.

Ab wann halten Kinder endlich Ordnung in ihrem Zimmer? (25)

«Ich verstehe nicht», sagt die Mutter von Ralph und Mario, elf und acht Jahre, und schüttelt dabei ihren Kopf, «wie die sich in ihren Sauställen wohlfühlen.» Sie wäre ja nun wirklich kein Putzteufel, aber wenn sie die Zimmer ihrer Kinder betrete, dann treffe sie der Schlag.

«Das sieht aus, als ob da eine Bombe eingeschlagen hat.» Sie blickt finster drein: «Und wenn die dann nichts finden, kommen sie zu mir angekrochen. Und dann suche ich mit ihnen.» Sie versprächen augenblicklich Besserung, «aber darauf gebe ich keinen Heller mehr». Schon nach ein paar Tagen sähe es «wieder so wild aus wie zuvor».

Wie verhalten Sie sich?
A. Sie reden sich nicht mehr den Mund «fusselig». Da Kinder doch nicht hören, räumen Sie lieber gleich selber auf. Das ist zwar ärgerlich, aber Ärger gibt es sowieso!
B. Irgendwann lernen die Kinder es schon. Mir ist es zwar nicht egal, wie es bei denen im Zimmer aussieht. Aber was soll's? Es gibt wichtigere Themen im Leben als die leidige Unordnung.
C. Von einem bestimmten Alter an kann man doch Ordnung verlangen! Das müssen die Kinder auch einsehen! Und wenn, dann muss man auch mal Druck ausüben.

Antwort B zeigt eine gelassene Lösung auf

Wenn man die zahllosen elterlichen Klagen über Unordnung und unaufgeräumte Zimmer betrachte, könnte man daraus schließen: Ordentliche Kinder gibt es – aber selten. Kinder empfinden sich dagegen nicht als schlampig, Kinder haben nur ein ganz eigenes Ordnungssystem. Sie haben sehr genaue Vorstellungen davon, wo Gegenstände zu finden sind. Selbst im größten Durcheinander, wenn alles undurchschaubar und unübersichtlich scheint, folgen Kinder einem nur für sie erkennbaren Ordnungssystem, entdecken zielsicher jene Dinge, die sie brauchen.

Eltern gehen mit der Unordnung der Kinder widersprüchlich um. Mal lieben sie ihre kleinen Chaoten, weil sie selber gut drauf sind und die Seele baumeln lassen. Mal flippen sie schon bei jeder Kleinigkeit aus, machen aus einer Mücke einen Elefanten, formulieren Sätze in Ewigkeitsdimensionen («Räumt ihr denn *niemals* auf!»), nur weil ihnen eine Laus über die Leber gelaufen ist. Ordnung hat zweifellos eine praktisch-ästhetische Seite – das ahnen oder fühlen auch die Kinder.

Als beim zehnjährigen Arne zum erste Male seine Freundin Beatrice auftauchte, verwandelte er sich in einen Putzteufel; und als die achtjährige Susanne es in ihrem unaufgeräumten Zimmer zu ungemütlich fand, kam sie selber auf die Idee, etwas mehr Wohnlichkeit zu verbreiten. Als Johannes seinen Atlas nicht mehr wiederfand, der im unendlichen Chaos seines Zimmers verschwunden war, und er selber für die anfallenden Kosten aufkommen musste («Das schöne Taschengeld!», fluchte er, das müsse er nun «für so 'n Mistatlas ausgeben!»), ordnete er zumindest seine Schulsachen an einen dafür bestimmten Platz.

Was macht Kinder zu Außenseitern? (26)

Sie beobachte, erzählt mir eine Mutter, wie ihr zehnjähriger Max «immer von anderen Kindern geschnitten werde». «Der ist ein völliger Außenseiter.» Neulich hatte er dann doch Anschluss an Gleichaltrige gefunden, aber «da war er der absolute Prügelknabe. Die sind richtig fies mit ihm umgegangen. Es gibt eben auch falsche Freunde, oder?»

Wie verhalten Sie sich?

A. Sie untersagen Ihrem Sohn den weiteren Kontakt zu solchen Kindern. Sie wollen nicht, dass er leidet. Sollte er den Kontakt aufrechterhalten, die Kinder ihn weiter ärgern, werden Sie eingreifen.

B. Sie fragen sich, warum Ihr Kind überhaupt keine Freunde hat, überprüfen, ob Sie in Ihrem Erziehungsverhalten etwas «falsch» gemacht haben, dass Ihr Sohn zu einem Außenseiter wird. Sie haben ein schlechtes Gewissen, versuchen, durch viel Nachsicht bei Ihrem Sohn den Fehler wiedergutzumachen.

C. Begegnungen mit Freunden sind nicht Begegnungen voller Harmonie. Das wissen Sie aus eigener Erfahrung. Wenn Ihr Sohn das nächste Mal traurig daherkommt, werden Sie ihn trösten und mit ihm darüber reden, wie er sich bei seinen Freunden behaupten kann.

Antwort C macht lebenstüchtig!

Freundschaften zeichnen sich durch besondere Eigenschaften aus:
- In der Gruppe von Freunden herrscht eine eigene Kultur vor. Das können Geheimsprachen ebenso wie gemeinsame Interessen oder Vorlieben sein.
- Freundschaften unter Kindern machen die Ablösung von den Eltern erträglich. Man grenzt sich von ihnen ab und findet in dem «besten» Freund, in der «besten» Freundin eine Halt gebende Bezugsperson.

Freundschaftsbanden sind dann problematisch, wenn sie andere Kinder auf Dauer ausgrenzen und diese keine Chance haben, sich einer Gruppe anzuschließen. Oder wenn Banden Prügelknaben brauchen, um ihr Tun gegen Sündenböcke zu richten, gegen sie in Wort und Handeln zu Felde ziehen. Und ganz problematisch wird es, wenn Kinder andere nötigen oder erpressen – egal ob dies verbal oder materiell geschieht.

Sollten Gruppen ihre Handlungen gezielt gegen andere Kinder richten, dann ist es wichtig, das Opfer zu stärken. Abstrakte Formulierungen wie «Wehr dich!» oder «Schlag zurück!» helfen in solchen Situationen wenig.

Es sind zwei Merkmale, die Kinder manchmal zu Außenseitern werden lassen:
- Zunächst sind es körperliche Merkmale. Kleine, vor allem aber übergewichtige Kinder, die keine Ausstrahlung haben, werden schnell zur Zielscheibe. Selbstbewusstsein vermittelt sich über Körperbewusstsein. Fühlen sich Kinder nicht wohl in ihrer Haut, spüren andere Kinder das sehr genau. Haben Kinder keinen Standpunkt – und dies ist körperbezogen gemeint –, werden sie schneller umgehauen, oder es haut sie schneller um.
- Kinder werden von Gleichaltrigen aber auch abgelehnt, wenn sie zu selbstbezogen, herrschsüchtig und unsozial sind.

Taschengeld:
Was macht man, wenn es nicht reicht
und die Kinder mehr fordern? (27)

Patricia, neun Jahre, bekommt zehn Euro Taschengeld im Monat, kommt mit diesem Betrag aber nicht aus, obwohl sie davon nur Süßigkeiten oder kleinere Dinge für den täglichen Gebrauch kauft, Dinge, die sie gerne haben möchte. Sie klagt dann ständig weiteres Taschengeld ein! Wenn sie es nicht bekommt, dann moniert sie: «Alle anderen bekommen viel mehr!»

Wie verhalten Sie sich?

A. Sie bleiben konsequent, es gibt auch keinen Nachschlag oder Vorschuss auf den nächsten Monat, weil Sie wissen, dass das «Generve» wieder von vorne losgeht. Allerdings bieten Sie Ihrer Tochter an, einen Ausgabenplan zu erstellen, damit sie besser wirtschaften lernt.

B. Sie erhöhen das Taschengeld, weil Sie sehen, Ihre Tochter kommt nicht aus mit dem Geld. Und zudem haben die Freundinnen ja ohnehin mehr Taschengeld zur Verfügung.

C. Sie kontrollieren, wofür Ihre Tochter ihr Geld ausgibt, und fangen an, ihr Vorschläge für einen sinnvollen Umgang mit dem Geld zu machen.

Antworten A und C können sinnvoll sein

Es gibt für den Umgang mit Taschengeld kein Patentrezept. Es gilt, irgendwie den «goldenen» Mittelweg zu finden.

Die Höhe und Vergabe ist natürlich abhängig vom Alter des Kindes, vom monatlichen Haushaltseinkommen der Familie und auch davon, wofür das Taschengeld verwendet werden soll.

Zwischen dem sechsten und neunten Lebensjahr kann es wöchentlich Taschengeld in Höhe von einem bis drei Euro geben, im zehnten und elften Lebensjahr monatlich 13–15 Euro, danach – bis zum dreizehnten Lebensjahr – monatlich etwa 18 Euro.

Wohlgemerkt: Dies sind Näherungswerte. Generell gilt: Überfordern Sie das Kind nicht mit zu viel Taschengeld. Fangen Sie niedrig(er) an, Sie können später immer noch korrigieren und werden bei gewachsenen Bedürfnissen, die sich mit dem Lebensalter ausbilden, den Betrag erhöhen.

Das Taschengeld wird dem Kind pünktlich zu einem festen Termin gegeben oder auf ein eigenes Taschengeldkonto überwiesen. Drei Aspekte scheinen mir besonders wichtig:

– Das Kind soll wirtschaften lernen. Das eine Kind gibt sein Geld schnell aus, das andere spart, um es für Anschaffungen zurechtzulegen.

– Es gibt keinen Nachschlag oder Vorschuss. Es geht beim Umgang mit dem Taschengeld eben auch darum, Verzicht zu lernen. Wenn Kindern grundsätzlich und regelmäßig das Geld ausgeht, empfiehlt sich ein Gespräch unter vier Augen, um einen Plan zu erstellen, wann und wofür das Geld ausgegeben wird.

– Generell steht das Taschengeld zur freien Verfügung. Eltern halten sich aus der Verwendung grundsätzlich heraus. Nur so lernen Kinder, mit dem Geld angemessen umzugehen.

Fäkalsprache:
Wie geht man mit Schimpfworten um? (28)

Strahlend kommt die vierjährige Pia in die Küche gelaufen, sieht ihre Mutter breit grinsend an und ruft voller Vergnügen: «Wurstkacke! Kackewurst!» Sandra Bertram geht in die Hocke, sieht ihre Tochter streng an und meint mit freundlicher Stimme: «Pia! So etwas sagen wir hier nicht!» Pia ... Mit den Worten: «Wurstkacke sagen wir nicht!», die Worte mehrmals lauthals hinausschmetternd, verlässt sie die Küche, um dann beim Mittagstisch ihre neuesten Wortkreationen vorzuführen: «Fickie Sau ... Sau Fickie ... Sau Kacka ... Kacka Sau ...!»

Wie verhalten Sie sich?

A. Es macht überhaupt keinen Sinn, diesen Worten große Bedeutung beizumessen. Je mehr man darauf eingeht, umso wichtiger werden diese für die jüngeren Kinder. Deshalb ist es am besten, wenn man sie ignoriert!

B. Schimpfworte in diesem Alter stellen häufig Sprachspiele dar, oder die Kinder versuchen, mit solchen Ausdrücken, Grenzen auszutesten, um zu sehen, wie weit sie gehen können. Regeln sind deshalb wichtig und zugleich ein spielerischer Umgang mit den Worten.

C. «Wehret den Anfängen!» Bei diesen Ausdrücken, da hört der Spaß auf! Deshalb muss man unverzüglich und unnachgiebig eingreifen! Hier helfen nur strikte Verbote.

Mal empfiehlt sich Antwort A, mal kommt B in Frage

Eltern freuen sich, sind stolz, wenn ihre Kinder schon früh über einen großen aktiven Wortschatz verfügen. Aber dazu zählen eben nicht allein die «schönen» Worte, dazu zählen immer auch die hässlichen, die verletzenden, die grenzüberschreitenden Worte, wobei Jüngeren die Bedeutung der Formulierungen häufig nicht klar ist. Sie spielen mit der Sprache, probieren auch aus, welche Wirkungen bestimmte Formulierungen hervorrufen. Wenn man sich als Vater oder Mutter angegriffen fühlt, in seiner persönlichen Integrität verletzt, dann empfiehlt sich bei jüngeren Kindern eine differenzierte Vorgehensweise: Beim ersten oder zweiten Hören kann man das Wort ignorieren, also überhören. Sollten diese Worte aber fortgesetzt werden, dann kann man dem Kind im ruhigen Ton sagen: «Ich möchte das Wort nicht hören!» Sollte man den Eindruck haben, das Kind spielt mit den Worten, dann empfiehlt sich das Ritual einer «Schimpfwort-Zeit» von drei oder fünf Minuten: In dieser Zeit kann das Kind seine Ausdrücke gebrauchen, in der übrigen aber nicht.

Alkohol:
Was mache ich, wenn mein Sohn betrunken
nach Hause kommt? (29)

Nach einer Flatrate-Party wird der 15-jährige Stephan mit Verdacht auf eine Alkoholvergiftung ins Krankenhaus gebracht. Bisher hatte er kaum Alkohol getrunken, ihn sogar abgelehnt, wenn man ihm etwas angeboten hat, weil er Alkohol einfach «widerlich» finden würde. Die Eltern sind total schockiert, vor allem deshalb, weil er, als er wieder zu Hause war, die ganze Sache bagatellisierte aber Freunden gegenüber gesagt hat, das wäre «total geil» gewesen.

Wie verhalten Sie sich?

A. Sie fordern ihn auf, sofort mit Ihnen in eine Suchtberatung zu gehen, damit Fachleute ihn auf die Gefahren des Alkoholmissbrauchs hinweisen können.

B. Sie machen Ihrem Sohn keine Vorwürfe, vielmehr reden Sie mit ihm, Sie berichten eindringlich über die Sorgen, die Sie sich gemacht haben, und auch über die Befürchtungen, die Sie bezüglich eines maßlosen Alkoholkonsums haben.

C. Sie hoffen, dass er aus der Erfahrung lernt, und gehen zur Tagesordnung über, schließlich hat man ja früher auch mal einen «über den Durst» getrunken.

Gelassenheit ist auch hier angesagt, deshalb Antwort B

Man darf diesen Vorfall weder ignorieren, aber auch nicht vorschnell an pädagogische Erziehungsinstitutionen abgeben, damit diese Erziehungsaufgaben, die zunächst in der elterlichen Verantwortung liegen, übernehmen. Vorwürfe oder auch Vorhaltungen helfen in dieser Situation nicht. Sie führen nur dazu, dass Jugendliche sich zurückziehen oder das Gespräch abblocken. Aber auch Verbote bringen nichts. Sie führen nur zu Heimlichkeiten und dazu, den persönlichen Kontakt zum Kind zu verlieren. Bei aller subjektiven Betroffenheit stellt die gegenseitige Wertschätzung die Basis eines Gesprächs dar. Doch zugleich muss der Heranwachsende spüren, dass Eltern nicht bereit sind, den Alkoholkonsum zu verharmlosen. Doch auch einen möglichen Alkoholmissbrauch detektivisch zu kontrollieren, widerspricht einer aufrichtigen Eltern-Kind-Beziehung. Zudem sind panische Überreaktionen ein schlechter Ratgeber. Denn dann sieht man den Wald vor lauter Bäumen nicht, macht man schnell aus der Mücke einen Elefanten, gehören doch Experimentier- und Neugierverhalten, Grenzverletzungen und die Konfrontation mit brenzligen Situationen zur Pubertät. Erst wenn man keinen direkten Draht zum Heranwachsenden findet oder er abgebrochen ist, empfiehlt es sich, eine Beratungsstelle aufzusuchen.

Sind Freunde eigentlich wichtiger als Eltern? (30)

Sie beobachte, so die Mutter des siebenjährigen Tim, dass der sich immer mehr von ihr abwende. Seine beiden besten Freunde seien ihm viel wichtiger. Eine andere Mutter greift in das Gespräch ein. Da könne sie richtig eifersüchtig werden, wie ihre Tochter Nena voll auf ihre «Busenfreundin» Jasmin abfährt. «Sie ist ihr viel näher, als ich es bin. Ich glaube, ich verliere den Draht zu ihr!»

Wie verhalten Sie sich?

A. Sie wissen, Eltern sind die Wurzeln, sind unverzichtbar. Deshalb können Sie die Freunde und Freundinnen des Kindes mit großer Gelassenheit hinnehmen, und Sie müssen als Mutter oder Vater auch gar nicht alles wissen, was die Kinder so zu besprechen haben.

B. Ich achte schon darauf, dass mein Kind nicht in «schlechte Kreise» kommt. Ich möchte einfach wissen, mit wem mein Kind Umgang hat, und nehme durchaus Einfluss auf die Auswahl der Freunde.

C. Was soll man schon machen! Das ist der Lauf der Welt! Man zieht Kinder groß, begleitet sie eine Zeitlang, und dann wird man als Eltern unwichtiger. Das muss man einsehen! War das nicht bei mir ähnlich?

Souveräne Eltern finden sich in Antwort A wieder

Was sich schon am Ende der Kindergartenzeit andeutet, setzt sich mit Beginn des Schulalters fort: Kinder werden nun als Bezugspersonen wichtig. Und vielen Eltern ist dies durchaus ein Gräuel.

Tatsächlich wird die Familienerziehung durch den Einfluss der Gleichaltrigen nicht unbedingt leichter, finden Kinder doch mit einer unnachahmlichen Treffsicherheit die für sie passenden Freunde. Das sind meist diejenigen, die den Eltern nicht passen. Um es so zu formulieren: Wenn Kinder in einer Familie aufwachsen, wo es ausgesprochen höflich zugeht, wo man eine gewisse Sprachästhetik pflegt, dann werden Freunde bedeutsam, die das Kind in die Fäkalsprache einführen: Aus der netten Mama wird die «blöde Kuh» und an die Stelle von «Ja, bitte!» tritt «Alles doof!». Und wenn Kinder in einer Familie groß werden, deren Alltag durch ein pädagogisch inspiriertes Vollwertprogramm geprägt ist, wo selbst beim Essen noch Political Correctness herrscht, dann werden Freunde faszinierend, die Bounty und die Milchschnitte, die Burger King und McDonald's für den Inbegriff der hohen Esskultur halten.

Freunde ersetzen Eltern nicht, aber gleichaltrige Freunde haben zwei wichtige Aufgaben:

- Sie relativieren elterliche Macht, ohne ihnen aber tatsächlich das Wasser abzugraben. Eltern bleiben zentrale Bezugspunkte; und deshalb könnten Vater und Mutter mit den Ansichten, die Freunde in den Erziehungsalltag einbringen, souveräner umgehen.
- Soziales Lernen vollzieht sich in gleichaltrigen Gruppen. Hier lernen die Heranwachsenden sich unter- und einzuordnen. Hier müssen sie sich behaupten und um die Gunst von anderen Kindern buhlen, mit Frustration und Ablehnung, mit Trauer und Tränen fertigwerden.

Fernsehverbot:
Kann ich damit drohen, weil dann alles
funktioniert? (31)

Lars und Ole, fünf und acht Jahre alt, räumen ihr Zimmer nicht auf. Ständige Ermahnungen helfen nicht! «Aber», so die Mutter, «wenn ich dann außer mir bin und schreie: ‹Sofort aufräumen! Oder es gibt nicht euren Film!›» Sie sieht mich erstaunt an: «Dann machen sie es plötzlich! Die sind völlig verwandelt!»

Wie verhalten Sie sich?

A. Fernsehen ist kein Druckmittel. Damit macht man das Fernsehen (oder den Computer) nur wichtiger. Man muss sich da schon etwas anderes überlegen, damit Kinder von selbst aufräumen.

B. Was hilft, das hilft! Auch wenn es pädagogisch nicht besonders wertvoll ist, als letzte Lösung, wenn einem nichts Besseres einfällt, kann man es einsetzen!

C. Bevor ich das Fernsehen als Druckmittel einsetze, räume ich lieber selber auf. Ich mache mich doch nicht zum Kasper der Kinder!

Antwort A scheint mir am angemessensten

Eltern setzen Fernsehen gern als Druckmittel ein, um ihren Willen durchzusetzen. Dies vor allem dann, wenn sie mit ihrem pädagogischen «Latein» am Ende sind. Die Drohung mit Fernsehentzug zeitigt meist nur kurzfristige Erfolge. Kinder spüren vielmehr die Hilflosigkeit der Eltern, erfüllen deren Wünsche, wohl wissend, dass dies nur ein Etappensieg ist. Denn indem man das Fernsehen als Mittel zum Zweck, ja, als Waffe einsetzt, baut man seine Bedeutung für Kinder erst auf. Ähnliches gilt, wenn man mit Fernsehsendungen für alltägliche Dinge belohnt. Für eine herausragende Schulnote oder eine außergewöhnliche Mithilfe im Haushalt reicht Ermutigung oder ein ernstgemeintes Dankeschön.

«Mache ich denn da etwas falsch?», fragt eine Mutter. «Bei uns gibt es eine Abmachung im Haushalt. Jedes der vier Kinder hat seine speziellen Aufgaben: Der eine mäht den Rasen, der andere räumt die Küche auf usw. Die Aufgaben sind abgewogen und verändern sich. Das ist in einem Plan festgehalten, an dem die Kinder mitgearbeitet haben. Sie haben ihr Einverständnis gegeben. Und bevor nicht die Aufgaben erfüllt sind, gibt's keine Freizeit, also kein Spiel, kein Lesen, kein Fernsehen, keine Freunde. Das wissen die von vornherein. Ist das nun falsch?» Die Mutter wirkt irritiert, dabei lebt sie den Kindern ein überzeugendes pädagogisches Modell vor.

Allein die Tatsache, dass sich die Kinder freiwillig an gemeinsam abgesprochene Regeln halten, zeigt, wie einleuchtend für die Kinder die möglichen Konsequenzen bei einer Grenzüberschreitung sind. Den Kindern ist im Vorhinein klar, was passiert, wenn sie ihren häuslichen Pflichten nicht nachkommen, und die erarbeiteten Konsequenzen beziehen sich auf den gesamten Freizeitbereich, heben das Fernsehen nicht besonders heraus. Darüber hinaus haben sich die Eltern in das Ritual von Regelverletzungen und Konsequenzen einbezogen.

Muss ich mir Sorgen machen, wenn mein Sohn mit Puppen spielt und nur mit Jungen zusammen ist? (32)

Peter, viereinhalb Jahre, spielt schon seit Monaten mit Puppen, zieht sie an und aus, wäscht und wickelt sie, hat seine eigenen blonden Haare zu kleinen Zöpfen eindrehen lassen, hat seine Fingernägel lackiert, verweigert sich den Auseinandersetzungen mit den männlichen Geschlechtsgenossen.

Wie verhalten Sie sich?

A. Ich werde schon genauer hinschauen, damit er nicht in eine bestimmte Ecke abdriftet, und ihn auch auf mögliche Gefahren hinweisen.

B. Sie erinnern sich an einen Freund aus der Schule, der auch nur auf Puppen «abfuhr» und heute in einer homosexuellen Partnerschaft lebt. Sollte das bei Ihrem Sohn so sein, unterstützen Sie ihn bei der Suche nach seiner Geschlechtsrolle und nehmen ihn vor Anfeindungen in Schutz. Sie wissen natürlich, dass das nicht einfach ist.

C. Was soll's? Der Junge findet schon seinen Weg, obgleich – ehrlich gesagt – es mir schon lieber wäre, er würde sich mal wie ein «richtiger Junge» zeigen: Aber das kommt sicher noch! Bloß jetzt nicht die Pferde wild machen!

Die Antworten B und C wägen angemessen ab

Betrachtet man die Vorlieben von Jungen, ist zwischen geschlechtstypischen Erwartungen, die die Eltern und die Umwelt haben, und einer dauerhaften sexuellen Orientierung zu unterscheiden. Da existieren zunächst Phasen, in denen Jungen sich gleichgeschlechtlich ausrichten – etwa, wenn sie im Kindergarten in Banden organisiert sind, im Schulalter, wenn sie unter ihresgleichen sein wollen, oder eben in der Pubertät. Die gleichgeschlechtliche Bindung hat zwei Funktionen: Man grenzt sich nach außen – von Mädchen – radikal ab, man solidarisiert sich nach innen. Jungen, die bestimmten Rollenklischees nicht entsprechen, haben es doppelt schwer: Da sind die gleichaltrigen Jungen, die untypisches Verhalten, z. B. das Spiel mit Puppen, schnell als «schwul» oder «weibisch» abtun, da sind Eltern, Verwandte und Bekannte, die sich Sorgen machen, verunsichert reagieren, wenn Jungen den Erwartungen nicht entsprechen.

Homosexualität als dauerhafte Veranlagung empfinden Pubertierende vom zwölften Lebensjahr an. Sie stellt eine normale Variante der Sexualität dar. Sie ist ein Teil der sexuellen Ausrichtung des Menschen, die sich aus einem Gemenge genetischer, neurologischer und biologischer Einflüsse zusammensetzt. Umweltfaktoren spielen hierbei keine Rolle. Eltern können also in dieser Hinsicht nicht falsch oder richtig handeln.

Würde dieser Umstand mehr ins Bewusstsein rücken, könnte man über schwule Jungen vorbehaltloser und weniger verklemmt und ängstlich reden. Man könnte Eltern die Schuldgefühle nehmen. Man könnte offener auf das Kind zugehen, den schwulen pubertierenden Jungen aus seiner (manchmal) selbstverordneten Isolation befreien, ihm Angst und Unsicherheit nehmen, ihm helfen, zu seiner Sexualität zu stehen. Indem ein Junge das Gefühl erfährt, so angenommen zu sein, wie er ist, kann er lernen, sich auch anzunehmen: selbstbewusst und ohne Scheu.

Ist ein trotzendes Kind auch ein ungehorsames Kind? (33)

«Wenn mein fast fünfjähriger Paul nicht so will, wie ich möchte», erklärt mir seine Mutter, «sich weigert, sich auf den Boden schmeißt», sie überlegt, «dann ist das für mich absoluter Ungehorsam. Da gibt es keinen anderen Ausdruck dafür. Und da habe ich dann kein Verständnis. Dann wird gemacht, was ich will!»

Wie verhalten Sie sich?

A. Es ist nicht immer leicht, zwischen Trotz und Ungehorsam zu unterscheiden, schon gar nicht zu einer konkreten Erziehungssituation. Trotzdem ist Differenzierung wohl wichtig!

B. Kinder müssen auch mal gehorchen und dürfen nicht immer nur die Bestimmer sein. Da ist es egal, ob ihrem Verhalten nun Trotz oder Ungehorsam zugrunde liegt.

C. Man muss Kinder schon verstehen. Sie haben ihren eigenen Willen, den darf man ihnen nicht brechen. Und da ist es egal, ob hinter dem Willen nun Trotz oder Ungehorsam steckt.

Ich favorisiere die Antwort A

Manche sahen und sehen im Trotz eher eine pathologische Erscheinung, die bei normalen Kindern nicht vorkommen darf, ein grenzüberschreitendes Tun, das man durch erzieherisches Handeln verhindern und unterdrücken muss.

Aus der Sicht des Kindes stellt die körperliche Komponente des Trotzes – das Sich-Spüren im Schreien, Weinen, Strampeln, Außersich-Sein – nur eine Facette dar. Der Trotz besitzt vor allem eine psychische Komponente. In ihm und durch ihn äußert sich kindliches Autonomiebestreben. Das Kind wird sich zunehmend seiner Möglichkeiten und Fähigkeiten bewusst. Das Kind fängt an, innere Spannungen zu fühlen zwischen dem, was es kann und noch nicht kann, zwischen dem, was es will und nicht darf. Manchmal schafft es, diesen Zwiespalt auszuhalten, doch häufig eben nicht. Dann entladen sich die Widersprüche im Trotzanfall.

Trotz kann man vom Ungehorsam unterscheiden. Der Trotz erwächst aus Spannungszuständen. Er überkommt das Kind, und es ist ihm mehr oder minder ausgeliefert. Der Trotzanfall hört auf, wenn sich die Spannungszustände reguliert haben. Beim Ungehorsam entschließt sich das Kind aus freien Stücken dazu, Widerstand zu leisten. Deshalb ist der Ungehorsam auch Ausdruck eines Machtkampfes zwischen Eltern und Kindern. Mit dem Ungehorsam will das Kind Erwachsenen seinen Willen aufzwingen, sie gefügig machen. Kurz zusammengefasst: Das ungehorsame Kind *will* nicht anders, das trotzende Kind *kann* nicht anders. Im Trotz drückt sich nicht Ablehnung von Vater und Mutter, gar Hass oder ein Infragestellen ihrer Autorität aus. Das trotzende Kind mag seine Eltern und möchte deshalb im Anfall das Gefühl erfahren, seinerseits auch gemocht zu werden.

Der verdammte Computer:
Was mache ich, wenn mein Vierzehnjähriger
nur noch vor dem Computer hockt? (34)

Patrick, 14 Jahre, «hängt stundenlang vor dem Computer», erzählen seine Eltern. Er scheine ihnen computersüchtig, zeige für nichts mehr Interesse, ziehe sich komplett von allen familiären Aktivitäten zurück. Als sie ihm neulich mal den Computer entzogen hätten, wäre er «völlig ausgerastet» und dann tagelang nicht mehr zugänglich gewesen, hätte sich beleidigt in sein Zimmer eingeschlossen.

Wie verhalten Sie sich?

A. Mit der Computerkultur kenne ich mich nicht aus. Aber irgendwie regelt sich das schon, wenn sich die Pubertierenden ausgetobt haben. Bevor ich Stress erzeuge, lasse ich die Sache laufen.

B. Verbote helfen nicht. Ich muss mit meinem Kind in Kontakt bleiben, versuchen, die Motive für seinen Rückzug in die Computerwelt zu verstehen. Und trotzdem muss ich ein zeitliches Limit setzen, auch wenn das manchmal zu heftigen Auseinandersetzungen führt.

C. Ich setze klare zeitliche Grenzen. Und wenn mein Sohn diese überschreitet, entziehe ich ihm den Computer, wenn's sein muss, einen Monat. Oder eben länger! Ich lasse mich doch nicht von meinem Kind vorführen.

Ich lege allen Eltern Antwort B nahe, auch wenn sie anstrengend ist

Ein Computerverbot hilft bei einer starken Bindung an die elektronischen Spiele kaum. Ein Verbot führt schnell zu Machtkämpfen und Beziehungsstress. Wichtiger ist es, gemeinsam mit dem Heranwachsenden den Ursachen für die intensive Computernutzung auf die Spur zu kommen und nach Auswegen zu suchen. Einige Überlegungen zum Umgang:

- Machen Sie sich bewusst, aus welchen Motiven heraus Ihr Kind mit dem Computer spielt. Denn entscheidend ist die Motivation, mit der ein Heranwachsender an das Spiel herangeht. Wenn der Computer zur Flucht gebraucht wird, dann ist die kürzeste Zeit zu lang.
- Wenn sich ein Heranwachsender dauerhaft wünscht, sehr intensiv zu computern, deuten Sie dies durchaus als Hilferuf. Isolation mittels Computer und Medien geben meist Hinweise auf eine unbefriedigende Lebenssituation.
- Computererziehung sollte sich am Alter des Kindes orientieren: Ein sechsjähriges Kind braucht engere zeitliche Grenzen als ein Pubertierender. Je älter die Kinder sind, umso mehr Mitspracherecht haben sie, desto größer ist jedoch auch die Verantwortung, die die Kinder damit für sich übernehmen.

Bedenken Sie, es gibt keine ideale, widerspruchsfreie Computererziehung. Versuchen Sie, diese Widersprüche im Gespräch mit den Heranwachsenden offen zu diskutieren und auszuhandeln. Dadurch wird allen Beteiligten deutlich, dass Computererziehung ein gegenseitiger und gemeinsamer Lernprozess ist.

Was macht man, wenn ein Kind ständig Opfer sein will? (35)

Niklas, fünf Jahre, kommt zu seiner Mutter gelaufen, sucht ihre Nähe. Er wirkt traurig, sagt mit weinerlicher Stimme: «Dorothea hat mir schon wieder etwas weggenommen.» Er setzt sich auf ihren Schoß, kuschelt sich an sie: «Die ist so blöd, die ärgert mich immer!»

Dorothea ist Niklas' Schwester, zwei Jahre alt.

«Ein kleines Aas», wie die Mutter feststellt. «Ein Wirbelwind! Die hat Niklas von der Körpergröße schon fast eingeholt.» Sie denkt nach.

«Und wenn die miteinander kämpfen, dann zieht Niklas den Kürzeren.»

Die Mutter schüttelt den Kopf. «Der lässt sich aber auch alles gefallen!»

Wie verhalten Sie sich?

A. Sie fordern den «Großen» auf, sich gegen die «jüngere» Schwester zu behaupten, schließlich sei er der «Ältere» und müsse sich selber wehren können.

B. Sie deuten Niklas' Verhalten als eine Regression. Niklas beobachtet, wie seine Schwester sehr viel körperliche und emotionale Zuwendung bekommt. Er möchte diese auch, inszeniert sich als «Baby». Sie wissen, solches Zurücksinken auf eine frühere Entwicklungsstufe darf man nicht übersehen, und nehmen sich vor, ihm mehr körperliche und emotionale Nähe zu geben!

C. Sie deuten Niklas' Verhalten als ein «Machtspielchen», indem er Aufmerksamkeit bekommen will. Deshalb ignorieren Sie sein Verhalten, weil Sie fürchten, wenn man ihm den kleinen Finger reiche, dann nähme er gleich die ganze Hand.

Antwort B nimmt das Kind ernst

Wenn man über die Rivalität zwischen älteren und jüngeren Geschwistern nachdenkt, denkt man zunächst an deren aggressives Erscheinungsbild, aber eine weitere Form der Rivalität übersieht man häufig. Nicht jedes Kind geht mit dem jüngeren Geschwisterkind in einen Machtkampf, versucht es zu unterdrücken. Manch älteres Kind nimmt eine Opferposition ein, lässt sich viel vom jüngeren Bruder, der jüngeren Schwester gefallen, setzt sich nicht zur Wehr, obgleich es das körperlich oder intellektuell vermag. Die älteren Kinder regredieren, sinken zurück – und erhalten so elterliche Aufmerksamkeit. Sie inszenieren sich als «arme Wesen», die Mitleid erheischen wollen. Sie stellen sich als unmündig, unselbständig dar und appellieren so an den Helferreflex der Eltern.

«Gute» Worte bringen die Rivalität nicht zum Verschwinden. Das ältere Kind braucht Sicherheiten, und die können in Ritualen aufgehoben sein.

Für Niklas wurde in sein «Gute-Nacht-Ritual» eine Massage eingebaut. Die Mutter streichelte sanft seinen Rücken, und da er dabei wie ein Kätzchen schnurrte, nannten die beiden das «unser Kätzchen-Spiel». Und immer wenn Niklas Zuwendung brauchte, wollte er kurz wie eine Katze gekrault werden. Zudem führten die Eltern Gespräche mit Niklas, wie er sich gegenüber seiner Schwester behaupten könne. Um die ständigen Vergleiche der Kinder untereinander aufzuheben, meldete der Vater Niklas zu einem Schwimmkurs an. «Dorothea hasste nämlich das Schwimmen. Und Niklas hatte den Wunsch geäußert, mit uns schwimmen zu gehen», so der Vater. Schon kurze Zeit nach Beginn der Rituale agierte Niklas selbstbewusster. «Und», so die Mutter, «er konnte auch mal richtig giftig blitzen, wie eine Katze fauchen, sodass sich Dorothea zurückzog!»

Wie geht man damit um, wenn sich der Älteste ununterbrochen an seinen jüngeren Geschwistern reibt? (36)

Der fünfjährige Johannes hat zwei jüngere Geschwister. Johannes versucht, seinen Willen mit lautem Gebrüll und – wenn das nichts nützt – mit einem Tobsuchtsanfall, so die Mutter, durchzusetzen. Wenn man ihn hinterher fragt, warum er so heftig und so unangemessen reagiert, zuckt er nur mit den Schultern und beschuldigt seine jüngeren Geschwister, sie würden ihn «einfach ärgern und nerven». Ansonsten ist er im Kindergarten, bei Freunden und Verwandten ein «pflegeleichtes, mitfühlendes Kind mit vielen sozialen Fähigkeiten». Nur zu Hause, «er braucht nur seine Geschwister zu sehen», so die Mutter, «da flippt er von einer Sekunde auf die andere aus. Und wenn wir ihn dann in sein Zimmer schicken, dann schmollt er und sagt, ihn hätten wir sowieso nicht mehr lieb. Er wäre an allem schuld!»

Wie verhalten Sie sich?

A. Sie sehen in Johannes' Verhalten eine Geschwisterrivalität. Johannes zieht durch sein störendes Verhalten Aufmerksamkeit auf sich. Und das gelingt ihm auch. Deshalb versuchen die Eltern, Johannes durch Rituale positive «Einzelaufmerksamkeit» zu geben, damit er Störungen nicht mehr nötig hat.

B. Sie betrachten Johannes' Verhalten als Machtkampf. Sollten Sie ihm jetzt noch mehr Aufmerksamkeit geben, dann verstärkt sich, so Ihre Auffassung, sein auffälliges Verhalten. Deshalb schicken Sie ihn, wenn er unangemessen gegenüber seinen Geschwistern handelt, sofort aus dem Zimmer.

C. Sie sind hin- und hergerissen ob Johannes' Verhalten: Mal gehen Sie einfühlend auf ihn ein in der Hoffnung, er würde sich beruhigen; mal sind Sie sauer, schimpfen, fluchen, weisen ihn barsch aus dem Wohnzimmer oder der Küche. Dann tut er Ihnen aber auch leid, Sie gehen zu ihm und entschuldigen sich für Ihr aggressives Verhalten.

Antwort A nimmt sich der Geschwisterrivalität überzeugend an

Das Verhalten von Johannes ist Ausdruck einer Geschwisterrivalität. Deshalb hat er dieses Handeln im Kindergarten auch nicht nötig. Johannes ist der Älteste und benötigt eine andere Aufmerksamkeit als seine jüngeren Geschwister. Aber aufgepasst: Unter «Aufmerksamkeit» darf man nicht nur den quantitativen, vielmehr den qualitativen Aspekt sehen. Er will sich als Ältester positionieren. Hierfür ist die Einführung von Ritualen wichtig, die nur Johannes und seiner Mutter, Johannes und seinem Vater gehören. Die jüngeren Geschwister haben bei diesen Ritualen nichts zu suchen! Johannes will als der Älteste anerkannt, das heißt herausgehoben sein. Übersieht man seine Wünsche, entwickelt er störende Rituale, zum Beispiel sein lautstarkes Gebrüll, um auf sich aufmerksam zu machen. Johannes meint ganz offensichtlich, seine Eltern würden alle Kinder gleich behandeln und ihm damit nicht gerecht werden. Deshalb will Johannes nur ihm gehörende Rituale, die ihn abgrenzen und von seinen Geschwistern unterscheiden: z.B. sein Gute-Nacht-Ritual, sein längeres Aufbleiben, den eigenständigen Kontakt zu Freunden.

Schamlos! Wie reagiere ich richtig, wenn mein kleiner Sohn stolz seinen Penis präsentiert? (37)

Tim, 18 Monate alt, liebt es, im warmen Wasser zu plantschen, mit Plastikentchen und kleinen Schiffen, er genießt den Schaum, kann sich lange mit sich selber beschäftigen. Dann verlangt er danach, dass seine Mutter ihm die Haare wäscht. «Ich muss seinen Kopf massieren. Er genießt es.» Sie stockt: «Dann steht er auf und präsentiert mir stolz seinen steifen Penis.» Sie sieht etwas ratlos aus: «Ich bin dann immer total erschrocken, weil ich das doch nicht will!»

Wie verhalten Sie sich?

A. Sie gehen ganz unverkrampft mit der Situation um, lächeln, wenn Ihr Sohn stolz seinen Penis zeigt, fordern ihn auf, sich wieder zu setzen, und machen mit dem Haarewaschen weiter.

B. Sie überlegen sich, ob das Baden nicht doch ein zu intimer Vorgang ist, und nehmen sich vor, körperliche Berührung auf ein Minimum zu reduzieren.

C. Baden und Haarewaschen sind nun einmal unverzichtbar, darum kommt man nicht herum. Aber es sollte eben nicht zu ausgiebig sein, und wenn das Kind seinen erigierten Penis zeigt, wird das ignoriert und nicht weiter kommentiert.

Jedes Kind ist anders, ist einzigartig und eben nicht zu vergleichen. Sie sind in ihren Reaktionen unverwechselbar, unvergleichlich: Was eine Mutter zulässt, kann eine andere als Zumutung empfinden, was ein Vater akzeptiert, kann der andere als Eingriff in seine Intimsphäre deuten. Jeder Vater, jede Mutter zieht ganz eigene Grenzen und kann darauf bestehen, dass diese respektiert werden. Genau wie das Kind haben auch Vater und Mutter das Recht, auf ihrer körperlichen Integrität zu bestehen. Gerade an der Frage «Was darf ein Kind?» oder «Was kann ich zulassen?» lassen sich wichtige Prinzipien der Sexualerziehung verdeutlichen:

– Einen Wert stellt die gegenseitige Achtung, der gegenseitige Respekt dar. Ein anderer ist die Rücksichtnahme auf die Bedürfnisse und Gefühle der anderen Person.

– Wer ein Baby bei der Körperpflege liebevoll anfasst, es sorgsam behandelt, zärtlich streichelt, berührt auch die Scheide und den Penis. Dabei muss klar sein, dass die Berührung nicht sexuell gefärbt ist oder der Stimulierung von Lust – auch der eigenen – dient.

– Wenn der männliche Säugling bei der Körperhygiene eine Erektion bekommt, sollte man nicht urplötzlich die Pflege beenden, sondern die Aktion in Ruhe und Gelassenheit zu Ende bringen.

– Je älter das Kind ist, desto seltener sollten diese Akte von direkter Intimität werden. Körperlich-emotionale Zuwendung kann sich dann, wenn das Kind es möchte, anders ausdrücken: im Küssen auf die Wange, die Stirn, die Nase, dem Kraulen des Nackens, in einer innigen Umarmung, aber auch – bei Jungen besonders beliebt – im Rangeln und Raufen, in Kissenschlachten und im Toben.

Wiedergutmachung:
Kann man Heranwachsende heranziehen, um Schäden, die sie verursacht haben, zu beheben? (38)

Julius, Michael und Wolf, alle vierzehn Jahre alt, verstehen sich als Graffiti-Künstler und haben die Wände ihrer Schule großflächig mit Farbe besprüht. Sie sind erwischt worden, sehen zwar ein, dass sie «Mist gemacht haben», entschuldigen sich auch dafür. Alle drei sind aber schon zum wiederholten Male ertappt worden, und die Ermahnungen haben nicht grundsätzlich geholfen.

Wie verhalten Sie sich?

A. Sie übertragen die Aufgabe Ihrer Haftpflichtversicherung, damit die den entstandenen Sachschaden finanziell regelt. Wofür ist man schließlich versichert?

B. Sie schließen sich mit den anderen Eltern kurz, damit die Kinder dem Hausmeister bei den Reinigungsarbeiten unterstützen, um die augenfällige Sachbeschädigung zu beseitigen.

C. Die Jugendlichen bekommen vier Wochen Hausarrest, damit sie zur Besinnung kommen. Zusätzlich streichen Sie noch das Taschengeld, damit die Jugendlichen keine Spraydosen kaufen können.

Ich halte Antwort B für ausgesprochen wichtig

Nicht immer kann man Probleme durch konsequentes Verhalten oder Gespräche lösen. Schwierig wird es vor allem, wenn Pubertierende vorsätzlich fremdes Eigentum zerstören oder beschädigen, wenn sie andere Personen psychisch oder physisch verletzt haben. Jugendliche brauchen dann unmittelbare Reaktion und Beachtung, sonst weitet sich ihr zerstörerisches Handeln aus. Hier bietet sich die Methode der Wiedergutmachung an. Sie ermöglicht es, sowohl die Perspektive des Opfers bzw. des Geschädigten als auch die des Täters einzunehmen. In der Wiedergutmachung zeigen sich einige produktive Aspekte:

- Wenn man Schäden bargeldlos begleicht, bedeutet das keine aktive Schadensbeseitigung. Durch eine konkrete Handlung wie die Reparatur oder Reinigung wird Jugendlichen die Möglichkeit gegeben, ihre Grenzverletzung zu begreifen.
- Die Wiedergutmachung muss man durch Gespräche begleiten und Jugendlichen zeigen: «Ich nehme dich an, aber nicht dein Verhalten!» Die Art der Wiedergutmachung ist deshalb gemeinsam zu entwickeln.
- Die Wiedergutmachung muss zumutbar sein, sie muss die gefühlsmäßigen und intellektuellen Fähigkeiten berücksichtigen.

Warum muss man Kindern alles tausendmal erklären? (39)

Svenja Krüger, Mutter der zweieinhalbjährigen Maren, klagt darüber, dass sie irgendwann doch ins Schreien verfalle, wenn ihre Tochter «zum hundertsten Male nicht hört, was ich sage. Ich flippe dann aus. Dann tut's mir hinterher auch leid. Aber ich kann's irgendwie nicht ändern!»

Hubert Ranke, Vater des zweijährigen Lars, hat ein ähnliches Problem: «Ich erkläre alles tausendmal. Und Lars fragt nur: ‹Warum?› Ich fange nochmal von vorne an, ganz behutsam und sehr einfühlsam, und er fragt dann: ‹Warum?› Ich kann das nicht mehr hören: ‹Warum?› …» Hubert Ranke hält sich die Ohren zu: «Wann kapiert der das endlich?»

Wie verhalten Sie sich?

A. Sie erklären es nochmals, weil Sie wissen, irgendwann haben es die Kinder wohl verstanden! Geduld ist nun einmal sehr wichtig! Es sind halt kleine Kinder, da muss man Nachsicht üben!

B. Es geht eben nicht ohne das laute Wort! Leider! Irgendwann ist man mit seinem Latein oder mit seiner Geduld am Ende! Ist halt so! Ich würde es auch lieber anders handhaben. Aber die Wirklichkeit ist eben so!

C. Ich darf nicht so viel reden. Das Kind muss spüren: Ich bin genervt. Deshalb schaue ich mein Kind an, wenn ich mit ihm rede. Wenn es fühlt: Die reden nur und sind nicht bei mir, stören sie so lange, bis man sich ihnen zuwendet.

Ich favorisiere Antwort C

Je mehr Eltern ihren Kindern mit langen Vorträgen versuchen, Grenzen zu setzen, umso öfter scheitern sie. Kinder brauchen bei manchen Grenzen die körperliche Nähe und Berührung – nicht Schläge! –, um zu erfahren, dass Eltern fest zu ihrer Haltung stehen.

Körperliche Nähe, Berührung oder gefühlsmäßige Zuwendung sind freilich kein Allheilmittel, von ihnen ist sogar abzuraten, wenn die emotionalen Beziehungen zwischen Eltern und Kindern gestört sind oder wenn die körperliche Nähe – aus der Sicht der Kinder – als Drohung oder gar Strafe empfunden werden kann. Ist jedoch eine angenehme emotionale Basis vorhanden, ist das Kind an positive Körperkontakte gewöhnt, dann *kann* Nähe, *kann* Berührung – z.B. die Hand auf die Schultern legen, die Hände fest anfassen – ein Kind nicht nur beruhigen. Nähe verleiht der durch Worte formulierten Grenze Nach-Druck – und dies ist wörtlich gemeint.

Nach-Druck hat nichts mit Unterdrückung zu tun. Nach-Druck bedeutet vielmehr liebevolle Festigkeit. Denn die Festigkeit, mit der das Kind berührt wird, lässt das Kind die Ernsthaftigkeit der Eltern spüren.

Zwei zusätzliche Bemerkungen:
– Ist ein Körperkontakt nicht möglich, dann hilft eine Kombination aus Augenkontakt und physischer Nähe. Wichtig: Der Augenkontakt geht vom Erwachsenen aus. Es darf keinen Zwang geben, den Erwachsenen anzuschauen. Das Kind fühlt den Blickkontakt des Erwachsenen auch, wenn es woanders hinsieht.
– Wenden Sie niemals körperliche Nähe und Berührung im Zustand großer Erregung an.

Ritzen: Wie gehe ich darauf ein, wenn mein Kind sich offensichtlich selbst verletzt? (40)

Die 14-jährige Susanne verletzt sich regelmäßig an Armen und Beinen mit einer Glasscherbe selber. Sie ritzt sich, weil sie aber langärmelige Blusen und Pullover trägt und grundsätzlich sehr enganliegende Hosen, fallen die Wunden, die nicht verheilen wollen, weil Susanne sie immer wieder aufkratzt, nicht auf. Als die Mutter eines Tages das Badezimmer betritt, weil Susanne vergessen hat, abzuschließen, entdeckt sie die Verletzungen. Susannes Mutter ist geschockt, unfähig zu reagieren. Tausend Gedanken schießen ihr durch den Kopf. Auf Nachfrage erfährt die Mutter, dass das Ritzen schon über acht Monate andauert.

Wie verhalten Sie sich?

A. Sie sind völlig verstört, verlassen das Badezimmer. Als Susanne aus dem Badezimmer kommt, sagen Sie: «Wenn du Probleme hast, kannst du jederzeit zu mir kommen! Das weißt du doch!» Sie nehmen sich vor, mit ihr darüber zu reden, wissen aber nicht wie!

B. Sie sind der Meinung, dass diese Situation Sie emotional völlig überfordert. Sie haben mal etwas vom «Ritzen» gelesen, gehen ins Internet, suchen sich Informationen und entscheiden dann, eine Beratungsstelle aufzusuchen, um sich professionelle Hilfe zu holen.

C. Sie machen Ihrer Tochter klar, dass sie Probleme hat und sie sich deshalb sofort Unterstützung holen muss. Sie vereinbaren einen Termin mit einer Psychologin, damit Ihre Tochter schnellstmöglich dorthin geht.

Der persönliche Kontakt und das Gespräch sind wichtig, deshalb plädiere ich für die Antworten A und B

Das Ritzen hat zwei Bedeutungen: Das offen zur Schau gestellte Ritzen, meist an den Armen, ist nicht selten Teil einer Jugendkultur: Man stellt sich mit seinem Körper dar, probiert aus, wie weit man gehen, was man aushalten kann. Beim «offenen Ritzen» wird der Körper nicht als Feind empfunden, man gestaltet, man inszeniert seine körperlichen Veränderungsprozesse. Und diese sind in der Pubertät für viele Heranwachsende im wahrsten Sinne des Wortes durchaus schmerzhaft. Da entsteht ja nicht sofort der Adonis oder die Venus: Man empfindet sich als unförmig, zu dick, zu verwachsen, als hässlich. Auch die Proportionen stimmen in der ersten Phase der Pubertät tatsächlich nicht. Die Extremitäten (Arme und Beine) sind zu lang, der Muskeltonus ist schwammig, alles hängt herum. Deshalb lehnt man den Körper ab, mag ihn nicht, ja hasst ihn. Eine besondere Form dieses Hasses ist das «verdeckte» Ritzen. Es stellt eine Art Hilferuf dar, auf den die Eltern nur begrenzte Antworten haben können. Sie sind gefühlsmäßig zu nah am Kind, sodass die Heranwachsenden nicht auf die wohlwollenden Worte ihrer Eltern hören. Professionelle Erziehungsberater können hier für Eltern als auch für die Pubertierenden hilfreich sein. Nicht weil sie kompetent sind, sondern weil sie eine Distanz haben, auf die sich pubertierende Heranwachsende eher einlassen können.

Warum sind gemeinsame Essensrituale so wichtig? (41)

Volker Heinz und seine Frau legen sehr viel Wert auf gemeinsame Rituale mit ihren Kindern, mit der 15-jährigen Mareike und dem 13-jährigen Jan. Besonderen Wert legen die Eltern auf das gemeinsame Abendessen, das dreimal in der Woche um 19 Uhr stattfindet, sowie das sonntägliche Mittagessen. Die Kinder maulen, sind genervt, finden diese Rituale «spießig», «ätzend», «uncool» oder «peinlich». Allerdings: Sitzen die beiden Kinder erst einmal am Tisch, dann genießen sie die Situation – freilich nicht immer, aber doch sehr häufig.

Wie verhalten Sie sich?

A. Die Eltern geben nicht nach, erklären ihren Kindern, warum sie auf die Rituale als Ausdruck familiärer Gemeinsamkeit viel Wert legen und deshalb auch darauf bestehen.

B. Die Eltern geben nach, wollen nicht autoritär erscheinen, hat man doch selber als Kind unter den vorgegebenen Ritualen gelitten, die die Eltern mit aller Macht durchgedrückt haben.

C. Die Eltern diskutieren mit ihren Kindern darüber, ob diese Rituale überhaupt noch Sinn machen, und entscheiden von Fall zu Fall, ob die Essenssituation stattfinden soll oder nicht.

Das kommt auf die Familie an, aber A und C passen

Geben Sie nicht nach! Rituale geben Halt, in Ritualen steckt viel Symbolik: Was ist den Eltern im Zusammenleben mit den Kinder wichtig? In welchen Situationen und wodurch drückt sich Gemeinsamkeit von Eltern und Kindern aus? Man kann gegenwärtig beobachten, wie leichtfertig und vorschnell Rituale über Bord geworfen werden, nur weil Pubertierende davon genervt sind. Mit dem Infragestellen der Rituale misst ein Pubertierender aus, wie wichtig Eltern wie in diesem Fall das gemeinsame Abend- und das sonntägliche Mittagessen ist. Nun müssen die Rituale freilich so gestaltet sein, dass sich alle in ihnen wiederfinden, Rituale also nicht durchgeführt werden, um elterliche Vorstellungen ex cathedra zu vermitteln. Man kann Rituale verändern, sie unterschiedlich gestalten: Mal bestimmen Eltern den Ablauf, mal die Heranwachsenden. Aber der Zeitpunkt der Rituale steht nicht zur Diskussion. Rituale zeichnen sich durch eine fraglose Normalität und eine Wiederkehr des Immer-wieder-Gleichen aus. Auf Rituale lässt man sich ein, weil sie Halt und Geborgenheit geben.

Was macht man, wenn die Tochter wie eine Nutte daherkommt? (42)

Die zwölfjährige Beatrice kleidet und schminkt sich, als würde sie – so die Mutter – gleich auf den Straßenstrich wollen: knapper Pullover, der ihre weiblichen Formen zur Geltung bringt, kurzer Rock, schwarze Netzstrümpfe und ein grell geschminktes Gesicht. In dieser «Aufmachung» will sie sich mit ihren Freundinnen in der Stadt treffen.

Wie verhalten Sie sich?

A. Man erklärt der Tochter, dass Sie die «Aufmachung» als unpassend empfinden, auch wenn Sie verstehen, dass sie ihren hübschen Körper gerne zeigt. Aber sie solle auch die Wirkung auf Männer nicht unterschätzen, die diese «Inszenierung» als Aufforderung missverstehen können.

B. Sie wollen nicht prüde sein. Sie hätten dies früher nicht erlaubt bekommen. Und schließlich gehört solche «Inszenierung» zur Jugend, zur Jugendkultur von heute. Man muss sich da schon in Toleranz üben.

C. Sie verlangen von Ihrer Tochter, dass sie sich sofort umzieht. Ansonsten habe sie zu Hause zu bleiben. Und wenn Ihre Tochter daraufhin rebelliert, werden Sie noch deutlicher: «Ich will nicht, dass du wie ein Hürchen daherstolzierst!»

Antwort A beinhaltet Verständnis für die Tochter und macht zugleich eine Erziehungshaltung deutlich

Manche Mädchen kleiden sich in Sack und Asche, wenn sie in die Pubertät kommen und sich ihr Körper verändert. Andere inszenieren diesen Wandel aufreizend, krass und überzogen, sie stellen sich dar, provozieren, probieren aus, wie weit sie gehen können, welche Wirkungen, welche Reize sie auf ihre Umwelt auszuüben vermögen. Dabei überschreiten sie nicht selten die Grenzen des guten «Geschmacks», reiben sich an elterlichen Vorstellungen, Normen und Werten. Je mehr Empörung und Kopfschütteln, umso mehr hat die «Inszenierung» ihren Zweck erfüllt. Aber zugleich wissen die Heranwachsenden nicht, was sie mit ihrer aufreizenden Selbstdarstellung tun, in welche gefährlichen Situationen sie kommen können. So wenig Sinn es macht, die grell geschminkte Tochter nicht aus der Tür zu lassen, so wichtig sind ernsthafte Gespräche mit ihr, um ihr zu vermitteln, dass es erwachsene männliche Personen gibt, die diese Art von Eigeninszenierung als unpassend und deplatziert empfinden, dass es jedoch auch Männer gibt, die diese Selbstdarstellung als Anmache empfinden können, dass die Tochter Reize ausübt, deren Auswirkungen sie möglicherweise nicht mehr kontrollieren kann.

Woher kommen die Stimmungsschwankungen in der Pubertät, und wie geht man damit um? (43)

Anja, 13 Jahre, schwankt zwischen euphorischer und depressiver Stimmung, mal schwebt sie auf «Wolke Nr. 7», dann wirkt sie wie ein Häufchen Elend. Schließlich sind da noch ihre wüsten verbalen Ausfälle, die sie an den Eltern, vor allem an der Mutter («Du blöde Kuh!» gehört noch zu den weniger krassen Ausdrücken), vehement auslässt.

Wie verhalten Sie sich?

A. Bei allem Verständnis für die schwierige Phase der Pubertät können Sie manche Handlungen nicht akzeptieren. Bei allem Respekt gegenüber dem pubertierenden Heranwachsenden, so bestehen Sie doch auf Respekt gegenüber der eigenen Person.

B. Sie gehen auf die Stimmungsschwankungen des pubertierenden Kindes mitfühlend ein, versuchen, dessen Verhalten zu erklären, wollen es anders machen als ihre Eltern, unter deren Aktionen Sie einst gelitten haben.

C. Sie ignorieren alles, wissen darum, dass es sich um eine Phase handelt, die irgendwann vorübergeht. Schließlich war man ja selber auch einmal in der Pubertät.

Da man Verständnis nicht mit Akzeptanz verwechseln darf, ist Antwort A passend

Wenn die Hormone im Kopf Tango tanzen, sich die Gehirnsynapsen im Hip-Hop-Rhythmus bewegen, dann hat es keinen Sinn, an die Vernunft des Kindes zu appellieren. Ein Merkmal dieser Entwicklungsetappe ist, dass die Heranwachsenden in dieser Zeit häufig nicht verstanden werden wollen, weil sie sich selbst nicht verstehen, überhaupt nicht einordnen können, was mit ihnen psychisch und physisch passiert. Sie sind hin und her gerissen zwischen Erwachsensein-Wollen und Kind-bleiben-Wollen, zwischen unrealistischen Omnipotenzphantasien und verstandesmäßiger Durchdringung der Möglichkeit, zwischen «Halt mich!», aber auch «Lass mich bloß los!», zwischen dem Wunsch nach augenblicklicher Begleitung und dem Bedürfnis, völlig in Ruhe gelassen zu werden. Elterliche Gelassenheit ist in dieser Phase das Gebot der Stunde, eine Gelassenheit, die aber nicht mit Gleichgültigkeit und Gewährenlassen zu verwechseln ist.

Mein Tipp an die Eltern: Nutzen Sie die Phasen der Ausgeglichenheit, der Ruhe, um den Kontakt zum Heranwachsenden herzustellen. Geben Sie den Kindern Nähe, wenn diese es wollen, aber versuchen Sie nicht, einen Kaktus zu umarmen, wenn er partout stechen will. Denken Sie daran: Das Verhalten des pubertierenden Kindes ist nicht der Ausdruck von Erziehungsfehlern, sondern einer Entwicklungsphase, die vorübergeht. Irgendwann – mal nach zwei, mal nach vier Jahren – wird aus dem reißenden ein gemächlich dahinfließender Strom.

Oma und Opa:
Darf man Großeltern Grenzen setzen? (44)

Sonjas Mutter erzählt: «Ich hatte eine klare Abmachung mit meiner Tochter: Sie brauchte nur so viel zu essen, wie sie wollte. Sonja hat ein feines Gespür dafür, ob sie satt ist oder nicht. Aber meine Mutter insistierte ständig, sie solle noch etwas essen, sonst wäre sie hungrig.»

Wie verhalten Sie sich?

A. Sie ärgern sich, sagen aber nichts zu Ihrer Mutter. Denn schließlich sind Sie ja auch auf Ihre Mutter angewiesen, und außerdem wissen Sie aus Erfahrung: Ihre Mutter nimmt keine Belehrungen an.

B. Sie sprechen mit Ihrer Mutter unter vier Augen und verbitten sich mit klaren Worten, dass diese sich in die Erziehung einmischt. Und ergänzen: «Wenn ich nicht da bin, dann kannst du es machen, wie du es für richtig hältst!»

C. Da das Verhalten Ihrer Mutter häufiger vorkommt, beschließen Sie, die Kontakte zu Ihrer Mutter für einige Zeit auf ein Minimum zu reduzieren, weil Sie es satthaben, sich ständig bevormunden zu lassen.

Großeltern sind wichtig, aber nicht als Konkurrenz zu den Eltern, deshalb B

Wenn Eltern und Großeltern streiten und sich auseinandersetzen, wenn sie unterschiedliche Meinungen und Einstellungen haben, dann gehört das zur Normalität ihrer Beziehung. Und eine tragfähige Groß-eltern-Eltern-Beziehung hält Reibung und Konflikte dann aus, wenn es um unterschiedliche Auffassung in einer Sache, z. B. zu Fragen der Kindererziehung, geht. Man zieht nicht immer an einem Strang, dazu sind die Ansichten von Eltern und Großeltern manchmal zu verschieden. Ein solcher Streit um eine Sache ist notwendig, um die Distanz aufzubauen, die Eltern und Großeltern nun mal trennt.

Anders stellen sich Auseinandersetzungen dar, hinter denen sich offene oder verdeckte Beziehungskonflikte verbergen, die auf eine latente Friedlosigkeit hindeuten und die sich wie ein roter Faden durch die Beziehung zwischen Eltern und Großeltern ziehen.

Beziehungskonflikte zeigen sich in gehässigen und gemeinen Anklagen, sie säen Misstrauen, verursachen Trauer und Schmerz. Beziehungskonflikte weisen nicht selten auf ein verkrustet-verhärtetes Familiensystem hin, in dem Wachstum und Entwicklung nicht möglich sind. Zeichnet sich die Eltern-Großeltern-Beziehung nicht durch eine ausgewogene Balance von Nähe und Distanz aus, besteht die Gefahr großelterlicher Einmischung, die die elterliche Erziehungsverantwortung untergräbt und brüchig macht. Die Kinder geraten zwischen die Fronten, werden in wechselnde Koalitionen eingebunden und leiden unter damit einhergehenden Loyalitätskonflikten.

Wie geht man damit um, wenn sich das jüngere Geschwisterkind ständig mit dem großen vergleicht? (45)

Johannes ist drei Jahre älter als sein Bruder Malte. Mit seinen acht Jahren darf Johannes länger aufbleiben, schon allein seine Freunde und seine Großeltern besuchen. Malte ist darüber mehr als empört. Ständig liegt er seinen Eltern in den Ohren, sein Bruder dürfe viel mehr als er. Es wäre ungerecht und absolut gemein von den Eltern.

Wie verhalten Sie sich?

A. Sie geben Ihrem jüngeren Sohn recht und versuchen, die beiden Jungen doch in etwa gleich zu behandeln. Dabei appellieren Sie an die Einsicht und die Vernunft des Älteren.

B. Sie haben Verständnis für die Gefühlslage des jüngeren Kindes, trösten es, wenn es traurig über die «vermeintliche» Ungerechtigkeit ist, bleiben trotzdem bei Ihrer Haltung, dem Älteren mehr Rechte zuzubilligen.

C. Sie empfinden die Klagen des Jüngeren mehr als ungerecht, erzählen ihm, dass er mit seinen fünf Jahren schon viel mehr dürfe, als Johannes in diesem Alter gedurft habe. Malte müsse es eben aushalten, wenn Johannes mehr Rechte eingeräumt bekomme.

Ich favorisiere B, denn man darf Kinder nicht gleich behandeln

Es ist völlig verständlich, wenn das ältere Kind mehr darf, zum Beispiel länger aufbleiben oder bestimmte Aktivitäten unternehmen. Es ist einsichtig, wenn Eltern ihre Älteren anders behandeln als die Jüngeren. Jüngere Geschwisterkinder dürfen ohnehin lebenszeitlich viel früher mehr. Das ist umgekehrt den Älteren manchmal ein Dorn im Auge. Die Älteren haben das Terrain erkämpft, Boden bereitet, auf dem die Jüngeren dann die Ernte einfahren. Aber es ist auch normal, wenn sich die Jüngeren beklagen, dass die Älteren mehr dürfen, dass sie alle möglichen Mittel einsetzen, um ihren Eltern negative Gefühle zu vermitteln, sie – mal bewusst, mal unbewusst – unter Druck zu setzen. Wenn das jüngere Kind als herzzerreißendes Gefühlsbündel daherkommt, dann will es Nähe, Geborgenheit, will es in den Arm genommen, in seinem Schmerz angenommen werden, will es hören: «Mein armer, kleiner Malte!» Und nicht: «Bald bist du groß, dann darfst du auch das, was dein Bruder jetzt kann!»

Immer ich:
Warum muss ich denn schon wieder mithelfen? (46)

Patrick, elf Jahre, mault ständig herum, wenn er im Haushalt mithelfen muss: «Warum muss ich schon wieder spülen?» «Warum muss ich den Tisch decken?» «Warum muss ich die Geschirrspülmaschine einräumen?»

Wie verhalten Sie sich?

A. Sie versuchen, es Ihrem Sohn zum wiederholten Male zu erklären, warum er mitzuhelfen hat, schließlich gehöre er mit zum Haushalt, und man wäre nicht seine «schlecht bezahlte Putzfrau».

B. Sie antworten auf die «Warum»-Frage mit einem kurzen «Darum». Ihre Gestik und Mimik, Ihr Klang der Stimme macht klar, dass ein Widerspruch jetzt zwecklos ist.

C. Bevor Sie Ihren Sohn bitten, mitzuhelfen, machen Sie es lieber selber, weil Sie die ständigen Diskussionen satt sind.

Warum nicht mal anarchisch, deshalb B

Man muss nicht in jeder Situation des Erziehungsalltags pädagogisch wertvoll handeln. Deshalb kann man auf eine «Warum»-Frage des Kindes, die ja durchaus eine Provokation darstellen kann, mal mit einem kurzen «Darum!» antworten. Dies vor allem dann, wenn man spürt, hinter einer «Warum»-Frage steckt nicht der Wunsch nach einer rationalen Erklärung, sondern das Bestreben, die Eltern in langatmige, unendlich dauernde Diskussionen hineinzuziehen, um ihnen dadurch ein schlechtes Gewissen zu verpassen. Richtig sind jedoch klare Absprachen darüber, wie und in welchem Umfang Kinder Pflichten im häuslichen Alltag zu übernehmen haben. Diese Absprachen kann man durchaus schriftlich fixieren. Man glaubt es kaum, wie vergesslich elf- oder zwölfjährige Heranwachsende sein können, wenn es um die Mithilfe im Haushalt geht. Gibt es solche Absprachen, dann kann man ein «Warum» umso selbstbewusster mit einem «Darum» beantworten.

Wie vermeide ich den Markenfimmel meines Sohnes? (47)

Philipp, knapp acht, kommt vom Spielplatz nach Hause und verkündet: «Wenn wir nächste Woche eine neue Jeans kaufen, muss das aber die richtige sein!» Was eine richtige sei, will Verena Blume, Philipps Mutter, wissen. «Eine echte! Eine Levis!» Wie teuer die denn sei, fragt die Mutter. Philipp nennt einen Preis, der bei sechzig Euro liegt. Sie runzelt die Stirn. «Vierzig geb ich aus! Mehr nicht! Das war vereinbart!» Philipp mault, er sei ohnehin schon ein Außenseiter und die anderen würden ihn wegen der «Baby-Jeans» auslachen. Er sagt trotzig: «Ich will eine Markenjeans!» «Du hast mich verstanden!» «Du bist gemein! Nie kaufst du mir was. Alle Mütter sind besser als du!»

Die Mutter bleibt ruhig. «Philipp! Ich hab dich sehr gern! Aber du hast Pech, solch eine Mutter wie mich zu haben! Wirklich!» Sie sieht ihn an: «Ich gebe vierzig Euro aus. Wenn du mehr ausgeben willst, musst du den Rest dazutun!» Er habe kein Geld, antwortet Philipp ungehalten. «Du hast Taschengeld!» «Das brauche ich für Spielzeug und Süßigkeiten. Nicht für Kleidung. Du musst dafür sorgen, dass ich was zum Anziehen hab!» «Richtig! Eine Jeans für vierzig Euro, Philipp!» «Du bist ja eine tolle Mutter!» schimpft Philipp und verlässt fluchend das Zimmer.

Wie verhalten Sie sich?
A. Sie wollen nicht, dass Philipp zum Außenseiter wird, kaufen ihm die Jeans – wenn auch mit schlechtem Gewissen.
B. Sie sind dermaßen ungehalten über das Verhalten Ihres Sohnes, dass Sie sich weigern, mit ihm irgendein Wort darüber zu reden.
C. Sie bleiben ruhig, geben die Summe an, die Sie bereit sind auszugeben. Und fordern ihn auf, den Rest über sein Taschengeld zu finanzieren. Und wenn er das nicht will, kann er sich das notwendige «Kleingeld» über einen Nebenjob finanzieren. Auf weitere Diskussionen lassen Sie sich nicht ein, selbst wenn er schimpfend und fluchend das Zimmer verlässt.

Ich halte C für eine angemessene Erziehungsposition

Beim Abendbrot schneidet Philipp das Thema nochmal an. Er will den Rest von seinem Taschengeld, das er gespart hat, bezahlen.

Eine typische Situation und eine elegante Lösung. Philipps Mutter hat sich den Wünschen ihres Sohnes nicht verweigert, ihm jedoch gezeigt, dass sie nicht willens ist, alle Wünsche zu erfüllen. Sie mutet ihm eine Frustration in der Sache zu. Sie setzt ihm eine Grenze, die den Anstoß liefert, nach anderen Wegen zu suchen, um zur heißersehnten Jeans zu kommen.

«Weniger ist manchmal mehr» – so hat es der Psychoanalytiker Wolfgang Schmidbauer bezüglich des Konsums ausgedrückt. Dieses Mehr ist Beziehung, ist Spannung, ist Auseinandersetzung. Grenzenlos verwöhnte Kinder haben demgegenüber «weniger» – weniger an Erfahrung, weniger Vertrauen in die eigenen Fähigkeiten und weniger Ermutigung, sich Neuem zu stellen. Der kritische Konsument kauft bewusst, genießt und weiß, dass man Bedürfnisse nicht sofort und jederzeit befriedigen kann. Wenn Eltern dieses Prinzip den Kindern vorleben, werden die Auseinandersetzungen um die Markenartikel-Werbung und deren Folgen nicht weniger – aber vielleicht lust- und humorvoller.

Der kritische Konsument ist kein Asket, auch er genießt. Genuss kann ich auch erreichen, wenn ich abwarte und mir dann einen Wunsch erfülle. Auch Kinder sind durchaus bereit, etwas zu leisten, wenn sie unbedingt einen bestimmten Markenartikel haben wollen, der ihren Eltern aber zu teuer ist. Verwöhnte Kinder sind unzufrieden und beziehungslos, weil ihnen Auseinandersetzung und Herausforderung fehlen.

Doktorspiele:
Sind die normal? (48)

Wilma Albers betritt das Kinderzimmer, sieht, wie ihr dreijähriger Sohn Mark und seine etwas ältere Cousine Dorothea im Bett liegen. Beide haben sich ausgezogen, liegen nackt nebeneinander, kuscheln. Dorothea hält liebevoll Marks erigierten Penis in der Hand.

Wie verhalten Sie sich?

A. Mit den Worten «Was macht ihr denn da?» schreiten Sie ein und fordern die Kinder auf, sich auf der Stelle anzuziehen.

B. Sie sind erschrocken, sind sprachlos, ziehen sich blitzschnell aus dem Zimmer zurück, nehmen sich vor, mit den beiden Kindern hinterher zu reden, wissen jedoch nicht, wie Sie das machen sollen.

C. Sie wissen, Doktorspiele stellen eine entwicklungsbedingte Normalität dar, und nehmen sich für den Abend vor, mit Ihrem Sohn darüber zu reden, vor allem darüber, dass Freiwilligkeit oberstes Gebot bei diesen Spielen ist, Mark also «Nein!» sagen kann, wenn er keine Berührungen wünscht.

Antwort C wäre souverän

Begreifen geht über das Greifen – dieser pädagogische Grundsatz liegt auch den Doktorspielen zugrunde. Es ist ein Spiel. Und zum Spiel gehören Freiwilligkeit und Gleichwertigkeit und gegenseitige Achtung. Kein Kind darf zur Teilnahme gezwungen werden, kein Körper manipuliert werden. Wenn ein Kind nicht mehr mitmachen möchte, ist dies vom Spielpartner unbedingt zu respektieren. Eltern müssen den Kindern diese Regeln verdeutlichen, deren Einhaltung einfühlsam kontrollieren. Wenn gegen Absprachen verstoßen wird, wenn im Spiel ein Machtgefälle deutlich wird, muss man eingreifen. Aber gerade Kinder im Kindergartenalter gehen bei den Doktorspielen sehr behutsam miteinander um. Für sie sind diese Spiele Spiele wie andere auch.

Damit das Doktorspiel ein Spiel bleibt – und nicht zu einem Zwang wird, dem sich ein einzelnes Kind unterwerfen muss –, muss man einzelne Regeln beachten:

- Das Doktorspiel stellt sich als ein Rollenspiel dar, d.h., es muss im Spiel ein Tausch der Rollen – z.B. vom Arzt zum Patienten, vom Vater zur Mutter – stattfinden.
- Jedes Kind hat das Recht, zu jeder Zeit aus dem Spiel auszusteigen, wenn es nicht mehr mitmachen will. Dieses «Nein!» ist von den Spielpartnern bedingungslos zu respektieren. Wird ein «Nein!» nicht geachtet, stellt dies einen Grund dar, in das Doktorspiel einzugreifen und es zu beenden.

Was mache ich, wenn ich auf dem Handy meines Sohnes Gewaltbilder entdecke, die er gemacht hat? (49)

Mark, 14 Jahre, hat sein Handy im Wohnzimmer herumliegen lassen. Als es ununterbrochen klingelt, wollen seine Eltern das Handy ausschalten, drücken aber auf den falschen Knopf und entdecken Bilder, die zeigen, wie ihr Sohn eine heftige, ja man kann sagen, brutale Schlägerei zwischen Jungen aufgezeichnet hat. Die Bilder zeigen Nahaufnahmen, die die Gewalt zwischen Tätern und Opfern in aller Offenheit und Brutalität zeigen.

Wie verhalten Sie sich?

A. Sie nehmen Ihrem Sohn das Handy weg und kaufen ihm ein einfaches Gerät, dessen Funktionen Sie kennen und beherrschen.

B. Wenn Ihr Sohn sagt, er wisse nicht, wie die Bilder auf das Handy gekommen sind, glauben Sie ihm. Und selbst wenn er es wüsste, so sind Sie sich absolut sicher zu wissen, dass Grenzverletzungen, auch moralischer Art, zur Pubertät gehören. Da muss man sich keine überzogenen Sorgen machen.

C. Ich muss meinen Sohn auf die Probleme, aber auch die Möglichkeit der Handynutzung ansprechen. Ich darf solche Bilder nicht ignorieren, aber auch nicht dramatisieren.

In C steckt eine klare Erziehungshaltung

Handys gehören zum Alltag – genauso wie das Fernseh- oder Videogerät, die seit Jahren zum Medienalltag zählen. Eltern reagieren unsicher, doch ist Unsicherheit ein schlechter Ratgeber in der Erziehung. Hier einige Hinweise für Eltern:

– Bleiben Sie im Kontakt mit Ihrem Kind, reden Sie über seine Handynutzung, auch über die Problembereiche: Sprechen Sie Ihr Kind direkt an, wenn es Gewaltdarstellungen auf dem Handy hat.

– Kindern fehlt nicht selten ein Unrechtsbewusstsein, was die Gewaltdarstellung auf Handys anbetrifft. Bringen Sie Ihrem Kind moralische und ethische Aspekte der Handynutzung näher, auch wenn das Kind diese Problematik zu relativieren versucht.

– Verbote bringen nichts – aber auch keine detektivische Kontrolle. Das alles führt nur zur Verheimlichung und dazu, dass der Kontakt zum Kind verlorengeht. Zugleich gilt auch: Wer wegschaut oder «laufen lässt», der nimmt seine Erziehungsverantwortung nicht ernst.

– Eltern sollten die Funktionen der Handys ihrer Kinder verstehen und auch beherrschen, nur so wird man als Gesprächspartner ernst genommen und kann zugleich Gefährdungspotenziale der Handynutzung erkennen.

Burnout: Warum machen mich meine Kinder oft so fertig, dass ich nur noch heulen möchte? (50)

Mira Beyer, Mutter von Hannes, zwei Jahre, und Viktoria, vier Jahre, ist «manchmal so fertig», wie sie sagt. «Mein Alltag reibt mich völlig auf!» Und dann berichtet sie von den vielen Kleinigkeiten, die sie so nerven – angefangen vom Aufstehen, dem Frühstück, dem Mittagessen, dem Spiel mit den Kindern am Vor- und Nachmittag, dann das Gute-Nacht-Ritual. Sie atmet tief aus: «Und wenn ich die Kinder ins Bett gebracht habe, dann ertappe ich mich manchmal bei dem Gedanken, wie schön es doch war, als ich noch keine Kinder hatte!»

Wie verhalten Sie sich?

A. Sie machen sich Vorwürfe, Ihre Kinder nicht genügend zu lieben, nehmen sich vor, solche Gedanken nicht mehr zuzulassen. Schließlich haben es doch bisher alle geschafft, irgendwie mit dem Erziehungsstress umzugehen und vor allem auch die guten Seiten in der Erziehung zu sehen.

B. Sie machen Ihrem Mann (indirekte) Vorwürfe, sich zu wenig um die Erziehung zu kümmern und Sie mit allen Aufgaben alleinzulassen.

C. Solche Gefühle sind normal und haben nichts damit zu tun, den Kindern zu wenig Beachtung und Zuwendung zu geben. Sie nehmen sich jetzt vor, regelmäßig Auszeiten von den Kindern zu nehmen und Ihrem Mann Erziehungsverantwortung und Erziehungsaufgaben zu übertragen.

Antwort C gibt Anregungen, liebevoll mit sich selbst umzugehen

Selbstlose Aufopferung im pädagogischen Handeln ist keine Seltenheit. Körperliche und seelische Belastungen werden hingenommen. Man schluckt hinunter, halst sich weiter Probleme auf, erträgt vieles. Erziehung wird so zum psychischen Stress, zur körperlichen Belastung. Psychosomatische Symptome sind aber nicht Ausdruck falschen Denkens oder falschen Handelns, in ihnen spiegeln sich Erfahrungen.

Liebe zu sich selber und Sich-annehmen-Können mit allen Stärken und Schwächen sind Voraussetzung dafür, die eigenen Grenzen zu erkennen, eigene Grenzen zu ziehen.

Die Erkenntnis «Ich bin wichtig» bedeutet, das Handeln an den eigenen Möglichkeiten, den eigenen Wahrheiten und Überzeugungen auszurichten, bedeutet «Mut zur Unvollkommenheit» und andere nicht zu Sündenböcken bei Niederlagen und Schwächen zu machen. Je mehr man zu eigenen Möglichkeiten und Unmöglichkeiten steht, umso mehr entwickelt man Mut und Spontaneität, umso mehr stellt man sich auf neue Herausforderungen und Wagnisse ein. Selbstliebe hat nichts mit überzogenen Allmachtsphantasien, mit Egozentrismus oder Selbstsucht zu tun. Selbstliebe ist die Grundlage für eine gefühlsmäßig volle Erziehungsbeziehung. Deshalb: Nur wenn es mir gutgeht – als Mutter, als Frau –, dann geht es auch den Kindern gut! Und deshalb ist es zentral, wenn sich Mütter «kinderfreie» Zeiten nehmen, um Abstand vom Alltag zu gewinnen und sich zu regenerieren. Das kann im Theater oder im Kino genauso geschehen wie beim Besuch einer Kneipe oder eines Restaurants. Und auch Sport und Yoga können dazu dienen, den leeren Akku «wieder aufzuladen».

Warum liebt meine Tochter Pferde nur so abgöttisch? (51)

Für Beatrice, 13 Jahre, dreht sich alles nur noch um Pferde. Sie verbringt jede Minute ihrer Freizeit auf dem nahe gelegenen Bauernhof, um nah bei ihrem «Blacky», so nennt sie liebevoll ihr Pferd, zu sein. «Ich mag mein Pferd sehr gern», erzählt sie ganz selbstbewusst. «Mein ältester Bruder hat kein Tier, aber Gerhard montiert ständig an seiner Vespa rum. So ist das eben. Aber ein Pferd braucht mehr Aufmerksamkeit als so ein komisches Moped. Den Roller kannst du in die Garage stellen, das Pferd nicht, das verhungert!» Beatrice Schulleistungen nehmen ab, weil das Pferd alle Energien auf sich lenkt. An Wochenendritualen will sie nicht mehr teilnehmen, stattdessen schläft sie im Stall bei ihrem Pferd.

Wie verhalten Sie sich?

A. Sie reglementieren den Zugang zum Pferd, legen Ihrer Tochter eine andere Priorität nahe: Erst die Schule, dann das Vergnügen.

B. Sie sehen die Sache nicht ganz so eng, schließlich hatten Sie früher auch einmal eine solche Phase, und die ist dann vorübergegangen.

C. Sie zeigen Verständnis für Ihre Tochter, üben sich in Nachsicht ob dieser pubertätsbedingten Phase. Doch zugleich legen Sie Ihrer Tochter nahe, bestimmte Pflichten (zum Beispiel Mithilfe im Haushalt, Hausaufgaben) nicht zu vernachlässigen und auch an Gemeinsamkeiten in der Familie teilzunehmen.

Ich neige zur Antwort C

Wie bei pubertierenden Jungen das Fahrrad oder Moped zum Objekt der Begierde wird, ist dies bei Mädchen häufig das Pferd. Verschiedene Autoren haben in der Beziehung der Mädchen zu Pferden eine stark erotisch gefärbte Komponente gesehen.

Zweifelsohne wird Sexualität bei den «Pferdemädchen» thematisiert. Dies ist mehr als normal, gehen pubertierende Mädchen doch die ersten sexuell getönten Beziehungen – Streicheln, Schmusen, Petting – zwischen dem 10. und 14. Lebensjahr, also jener Zeit, in der das Pferd wichtig ist, ein. Jungen geraten in das Blickfeld. Die intensive Beziehung zum Pferd enthält dagegen vielmehr soziale, moralische und emotionale Komponenten:

- Das Mädchen lernt eigenverantwortliches Tun, und es lässt sich freiwillig auf dieses Handeln ein.
- Das Mädchen übernimmt Pflichten, erwirbt Pflichtbewusstsein. Ohne die Pflege, ohne die Fürsorge des Mädchens könnte ein Pferd schwer im Stall überleben.
- Das Mädchen grenzt sich durch die Beziehung zum Pferd von den Eltern, besonders von der Mutter ab. In der Pflege des Pferdes steckt somit die Botschaft: «Das ist etwas, was mir gehört! Aber wie ich das mache, das ist etwas, was ihr mir gezeigt habt!»

Das Pferd und alles, was damit verbunden ist, ist somit ein Symbol für den Übergang von der Kindheit in die Welt der Erwachsenen: Es steht für Ablösung aus vertrauten Zusammenhängen, es steht für soziales und moralisches Lernen: Einfühlung, Mitgefühl und Verantwortung für etwas wahrzunehmen, sich dieser Verantwortung bewusst zu werden.

Einnässen:
Ab wann ist das ein Problem? (52)

Florian, sechs Jahre, nässt noch immer ein. Er ist ein sehr selbstbewusster, intelligenter Junge, doch «nachts», so seine Eltern, «hat er sich nicht im Griff».

Wie verhalten Sie sich?

A. Sie geben Florian Zeit, weil Sie aus Gesprächen mit einem Arzt wissen, dass jedes Kind sein individuelles Entwicklungstempo hat. Sie lassen sich nicht beunruhigen, auch wenn andere Eltern Sie fragend anschauen, als Sie von Florians nächtlichem Einnässen erzählen.

B. Sie überlegen sich, ob Sie mit Ihrem Sohn ein spezielles Training anfangen sollten, denn schließlich sind alle seine Freunde schon längstens trocken.

C. Wenn ein Kind in diesem Alter noch einnässt, dann muss es Probleme haben. Sie haben einmal gelesen, Einnässen kann als das Weinen des Kindes über die Blase gedeutet werden. Sie machen sich Vorwürfe, wenn Ihr Kind immer noch «weint».

Antwort A trifft den Kern des Problems am genauesten

«Einnässen» ist nicht gleich «Einnässen»: Da gibt es das isolierte Einnässen – tagsüber, während des Mittagsschlafs oder der Nachtruhe. Im Alter von vier Jahren nässen – dem Kinderarzt Alexander von Gontard zufolge – etwa 20 bis 25 Prozent aller Kinder ein. Isoliertes Einnässen ist keine Störung, sie ist Bestandteil eines Reifungsprozesses in Richtung auf Sauberkeit, ein Prozess, der von Kind zu Kind verschieden beginnt und nicht geradlinig verläuft.

Damit Kinder bereit sind, die Toilette aufzusuchen und die Blase zu entleeren, bedarf es komplexer physischer und psychischer Abläufe. In der Blase sammelt sich Urin, der Druck steigt. Das Kind kann ihn bewusst wahrnehmen. Dies vollzieht sich zwischen dem ersten und zweiten Lebensjahr. Das Kind vermag den Harndrang durchaus zu artikulieren: «Mama, Pipi!» Zwischen dem zweiten und vierten Lebensjahr erreicht das Kind eine bewusste Kontrolle: Es kann die Entleerung hinauszögern – oder bewusst in Gang setzen: «Mama, Pipi gemacht!»

Das Zusammenspiel von Blasenfüllung und tiefem Schlaf ist eine der häufigsten Ursachen für das nächtliche isolierte Einnässen. Wird die Blase tagsüber gefüllt, spürt das Kind den steigenden Druck und macht sich auf den Weg zur Toilette. Diesen Druck fühlen manche Kinder nachts nicht und schlafen durch. Es ist ein Wasserlassen zur falschen Zeit und am falschen Ort. Kinder mit isoliertem nächtlichem Einnässen produzieren im Vergleich zu nicht einnässenden Kindern erheblich mehr Urin. Erhöhte Urinproduktion und tiefer Schlaf verstärken sich in ungünstiger Weise.

Doch auch die Kinder mit isoliertem nächtlichem Einnässen lernen in der Regel bis zum siebten Lebensjahr, das Signal «Die Blase ist voll» wahrzunehmen, aufzustehen und die Toilette aufzusuchen. Falls nicht, dann ist der Gang zum Urologen unumgänglich.

Einzelkinder:
Haben die es schwerer? (53)

«Sophia», so erzählt ihre Mutter, «ist ein Einzelkind. Und sie wird eines bleiben.» «Sophia», so fährt ihr Vater fort, «fühlt sich häufig uns gegenüber benachteiligt. ‹Ihr seid immer zu zweit›, nörgelt sie ständig herum, ‹immer zwei gegen einen!›» «Dabei hat sie es doch auch gut», so die Mutter, «die wird von vorne bis hinten bedient, hat alles, bekommt alles.» Und daraus erwächst natürlich eine Anspruchshaltung, meint der Vater mit skeptischem Blick, sie benehme sich häufig wie eine Prinzessin. Alles müsse sich, und zwar sofort, um sie drehen. Und wehe, sie bekomme einmal nicht gleich ihren Willen, dann könne sie fluchen wie ein Marktschreier.

Wie verhalten Sie sich?
A. Sie betrachten das Verhalten Ihrer Tochter mit Sorge, weil Sie nicht wollen, dass sie zu einer egozentrischen Einzelgängerin und Außenseiterin wird. Deshalb sprechen Sie mit ihr darüber, wenn sie unsoziale Verhaltensweisen gezeigt hat, machen ihr Vorschläge, wie sie mitfühlender werden kann.
B. Da Ihre Tochter ein Einzelkind ist, planen Sie viele Aktivitäten, damit Ihre Tochter nicht isoliert mit anderen Kindern aufwächst.
C. Sie deuten die manchmal unsozialen Handlungen Ihrer Tochter nicht unter dem Aspekt des Einzelkindes. Solche Handlungen kommen bei allen Kindern vor – nicht nur bei Einzelkindern. Solche Verhaltensweisen sind Ausdruck einer Entwicklungsnormalität, die aber auch nicht ignoriert werden dürfen.

Antwort C nimmt das Kind ernst und stigmatisiert es nicht

Erziehungsprobleme fangen oft damit an, dass man Kindern Bedeutungen zuweist. Solch eine Zuweisung stellt die Bezeichnung «Einzelkind» dar. Es gibt keine Untersuchung, die zeigt, dass «Einzelkinder» ihre Entwicklungsaufgaben schlechter erfüllen als Geschwisterkinder. Eltern von Einzelkindern neigen häufig dazu, alles, was diese Kinder von sich geben und tun, unter dem Blickwinkel des Einzelkindes zu interpretieren, und bauen ein «schlechtes Gewissen» auf – nach dem Motto: «Ein armes Einzelkind.» Oder: «Wir Eltern sind schuld, dass es jetzt leidet!» Einzelkinder sind geschwisterlose Kinder, die von ihren Eltern so angenommen werden wollen, wie sie sind. Sophia ist kein Einzelkind, sie ist Sophia, eine ganz starke Persönlichkeit, die spürt, wo ihre Eltern der Schuh, sprich: das schlechte Gewissen drückt.

Um nochmals auf die Untersuchungen zurückzukommen:
- geschwisterlose Kinder sind nicht überheblich und selbstsüchtig,
- geschwisterlose Kinder können teilen,
- geschwisterlose Kinder sind nicht übermäßig verwöhnt,
- geschwisterlose Kinder setzen nicht einfach und ohne Rücksicht ihren Willen durch und
- geschwisterlose Kinder haben viele Freunde.

Zeigen sich geschwisterlose Kinder allerdings als wenig sozial, isoliert und ohne freundschaftliche Bindungen, so hat das vielmehr mit der Entwicklung des Kindes, seinem Temperament oder dem sozialen familiären Milieu oder den Zuschreibungen von Vater und Mutter zu tun.

Loben und Ermutigen:
Wie unterscheidet man das? (54)

Thomas, elf Jahre, besucht die erste Klasse des Gymnasiums. Er steckt in der Vorpubertät und bringt seine Eltern, insbesondere seinen Vater, mit seinen schulischen Leistungen «auf die Palme». Thomas hatte während der Grundschulzeit viel Spaß an der Schule, «doch urplötzlich», so seine Eltern, «ließ sein schulisches Engagement nach!».

«Null Bock!», meinte sein Vater erzürnt. «Und ich weiß, wohin das führt, wenn man kein Abitur hat! Ich sehe das an mir. Man hat einfach keine Chance auf Aufstieg!» Er macht eine Pause: «Und deshalb gibt es bei mir nur eines: Lernen! Lernen! Lernen!»

Ob er denn von seinem Vater nie etwas Positives gehört hätte, will ich wissen.

«Doch, das schon!», erklärt Thomas. «Aber da war dann schon wieder eine kleine Spitze drin.» Wenn er mal mit einer besseren Note nach Hause gekommen sei, habe sein Vater nur gestöhnt: «Wenn das doch immer so wäre!», oder herablassend gemeint: «Siehst du, es geht doch!»

Wie verhalten Sie sich?
A. Die Schule ist nun mal wichtig. Die darf nicht unterschätzt werden. Ein guter Schulabschluss ist wichtig für die Zukunft des Kindes. Da habe ich auch keine Nachsicht.
B. Ich lobe ihn doch schon, wenn er etwas leistet oder eine gute Note mit nach Hause bringt. Aber zu viel Lob bringt auch nichts. Das führt nur zur Selbstzufriedenheit, und man darf nicht vergessen: Eigenlob stinkt!
C. Ich muss an den Stärken und Fähigkeiten des Kindes ansetzen, nicht darauf schauen, was es nicht kann. Ich muss darauf achten, dass mein Sohn sich so anzunehmen lernt, wie er ist. Grundvoraussetzung ist, dass ich es tue.

Antwort C ermutigt das Kind

Ermutigung ist – so der Pädagoge Jürgen Frick – eine ungeheure Kraft, die den Glauben an sich selbst stärkt und hilft, Frustrationen zu überwinden, Niederlagen anzunehmen, und so anspornt, einen neuen Versuch zu starten. Doch – darauf hat Rudolf Dreikurs hingewiesen – muss man Ermutigung vom Lob unterscheiden.

Die *Ermutigung*
– hebt auf die Kompetenz des Kindes ab (z. B.: «Prima, dass du dem Jens Mathe erklären konntest!»);
– lenkt die Aufmerksamkeit auf die inneren Werte des Kindes (z. B.: «Finde ich toll, wie du deinem Bruder beigestanden hast!»);
– überträgt Verantwortung, ohne das Kind zu überfordern (z. B.: «Schön, dass du mir geholfen hast!»);
– weiß, dass Unvollkommenheit zur Entwicklung gehört und Kinder anspornt, ein eigenes Leistungsbewusstsein zu entwickeln.

Das *Lob*
– belohnt eher das Individuum, lenkt den Blick nur auf das Kind (z. B.: «Ich bin stolz auf dich!»);
– macht nicht selten abhängig von materieller Belohnung (z. B.: «Hab ich das nicht toll gemacht. Was krieg ich nun dafür?»);
– kann den Leistungsdruck verstärken (z. B.: «Das ist prima, wie du das gemacht hast, aber beim letzten Mal hast du schöner gemalt. Versuch es noch einmal!»).

Um es konkret zu machen. Statt des Satzes «Wenn das doch immer so wäre!» hätte der Vater seinen Sohn mit der Formulierung «Finde ich prima, wie du das gemacht hast!» ermutigen können.

Warum empfinden jüngere Kinder oft keine Scham? (55)

«Meine Klara», so eine Mutter, «ist jetzt zwei Jahre alt und irgendwie völlig schamlos. Die zieht sich überall aus. Dann baut sie sich nackt vor Leuten auf! Neulich hatten wir Besuch, da kam sie nackt ins Wohnzimmer, stellte sich vor meinen Freundinnen auf, drehte sich um, zeigte denen den blanken Po und ließ einen Furz!»

«Mein kleiner Sven, der ist bald drei», erzählt eine andere Mutter, «der spielt gerne an seinem Penis. Er denkt sich nichts Schlimmes dabei. Aber muss das denn mitten im Wohnzimmer sein, wenn der Besuch noch da ist?»

Wie verhalten Sie sich?

A. Sie schicken die Kinder aus dem Zimmer, entschuldigen sich beim Besuch für das Verhalten Ihres Kindes.

B. Da Sie wissen, dass die Kinder sich gerne nackt zeigen, und Sie spüren, dass andere damit vielleicht nicht umgehen können, bitten Sie die Kinder im Vorhinein, sich nicht nackt zu zeigen, und sagen: «Das kannst du machen, wenn wir allein sind!» Oder: «Das kannst du in deinem Zimmer machen!»

C. «Sag mal, spinnst du völlig?» Mit diesen Worten ziehen Sie Ihr Kind aus dem Zimmer, vor der Tür sehen Sie Ihr Kind streng an und sagen mit scharfer Stimme: «Schämst du dich denn gar nicht?!»

Antwort B nimmt alle Beteiligten ernst

Das Schamgefühl entwickelt sich, es bildet sich nach einem bestimmten inneren Muster heraus. Mit jedem Reifeschritt, den ein Kind vollzieht, verändern sich die Gefühle von Scham. Gerade in Übergangsphasen der Entwicklung, zum Beispiel beim Schulanfang, zwischen dem fünften und siebten Lebensjahr, kommt es zu gravierenden Veränderung im Schamgefühl. Kinder nehmen sich und ihren Körper mit einem Male anders wahr. Der Körper verändert sich, Kinder fühlen sich zerrissen: mal grenzenlos stark, mal unendlich klein. Deshalb hat Schamerziehung nicht nur damit zu tun, sich nackt zu zeigen (oder auch nicht), Schamerziehung ist zugleich eine körperliche und soziale Erziehung. Über Scham definiert man – ob nun sprachlich oder ohne Worte – Grenzen: Man lässt etwas zu, zeigt aber zugleich, bis hierher und nicht weiter!

In der Scham spiegelt sich somit die Einstellung zur Sexualität: Ein zweijähriges Kind zeigt noch ungeniert seinen erigierten Penis, präsentiert stolz den Topf, in den es sein großes Geschäft gemacht hat. Ein Achtjähriger handelt anders. Er verriegelt die Toilettentür. Scham hat nicht nur Nachteile – und so gilt es, in der Schamerziehung die angemessene Mischung zu finden. Kinder, die beispielsweise keine Schamgrenzen kennen, die sich bloßstellen, respektieren weder sich noch andere in ihrem Anspruch auf körperliche Unversehrtheit. Die Eltern haben bei der Schamerziehung Vorbildcharakter – nicht nur in dem, was sie sagen, sondern vielmehr in dem, was sie tun: Zeigen sie zu viel Scham, hat das Auswirkungen auf das Körpergefühl der Kinder, zeigen sie zu wenig Scham, so entwickelt sich keine Intimsphäre, die die körperliche und psychische Unversehrtheit gewährleistet.

Achtjahresangst:
Warum reagiert mein Sohn häufig so unsicher? (56)

Markus, etwas über acht Jahre alt, ist ein zurückhaltender, ruhiger Junge. Aber seit einiger Zeit geht er nicht mehr aus dem Haus, zieht sich in sein Zimmer zurück, beteiligt sich gleichwohl an familiären Aktivitäten. Wenn seine Eltern aus dem Haus wollen, reagiert er voller Angst, will sie nicht gehen lassen, schläft nicht, bevor die Eltern wieder zu Hause sind. «Selbst wenn ich in den Keller gehe», so die Mutter, «und ich nicht schnell wieder oben bin, ja, selbst wenn ich mal lange auf dem Klo sitze, wird er unruhig und fragt, ob mir was passiert wäre.» Sie schüttelt den Kopf: «Der macht mich wahnsinnig. Was habe ich nur falsch gemacht?»

Wie würden Sie sich verhalten?
A. Ich würde auf seine Unsicherheiten eingehen, nicht mehr wegfahren, mich intensiv auf seine Bedürfnisse nach Nähe einlassen, denn schließlich fehlt ihm eine ganze Menge an Urvertrauen.
B. Das Kind ist bockig, verwickelt mich in einen Machtkampf. Bleibt die Frage, wie ich da nur rauskomme? Aber ich muss ihm zeigen, dass ich mich nicht mehr unter Druck setzen lasse.
C. Markus macht sich selbständig, will in die Welt hinaus, braucht aber den sicheren Hafen, in den er einlaufen kann, wenn die Stürme zu stark toben. Man muss Markus' Ängste ernst nehmen, aber sie haben weniger mit Erziehung, vielmehr mit seiner Entwicklungsphase zu tun.

Antwort C ist stimmig

Das Verhalten von Markus ist mit der sogenannten Acht-Jahres-Angst in Zusammenhang zu bringen. Kinder – egal, ob Jungen oder Mädchen – fangen zwischen dem sechsten und neunten Lebensjahr noch einmal stark an zu «fremdeln». Sie trauen sich nicht viel zu, reagieren unsicher, wenn man sie mit neuen Situationen konfrontiert. Sie zeigen Ängste, wenn sich vertraute Bezugspersonen von ihnen entfernen, oder sie ziehen sich schlichtweg in ihr Zimmer zurück, das ihnen Halt gibt und einen Zufluchtsort darstellt. Diese entwicklungsbedingte Angst geht mit Beginn der Pubertät allmählich zurück. Gutes Zureden oder gar Drohungen beschleunigen diesen Prozess nicht, verstärken vielmehr die Unsicherheit. Drei Überlegungen können Eltern helfen:

- Das Handeln der Kinder nicht als Ausdruck eines Machtkampfes, von Bockigkeit oder eines Erziehungsfehlers zu deuten. Achtjahresängste kommen bei vielen – aber nicht allen – Kindern vor.
- Wenn Eltern das Gefühl haben, etwas unternehmen zu wollen, dann sollten sie dies tun und das Kind zu Hause lassen. Es muss auch lernen, Verantwortung für sich und sein Handeln zu übernehmen.
- Wenn Eltern fortgehen, muss sich das Kind darauf verlassen können, dass Vater und Mutter pünktlich wieder zu Hause sind.

Fehlende Disziplin:
Wo soll das enden? (57)

«Ich sehe die Gefahr», so erzählt eine Mutter, «dass ich die Kinder in ihrer Freiheit verliere. Mein Martin, der macht nichts aus eigenem Antrieb, der lässt es sich nur gutgehen, und sich in den Tag hineintreiben. Er legt überhaupt kein Verantwortungsbewusstsein an den Tag.» Sie schüttelt den Kopf. «Dem scheint alles egal zu sein!»

Wie verhalten Sie sich?

A. Man muss den Kindern auch mal zeigen, wo es langgeht. Sonst verlieren sie sich. Disziplin, auch mal einfach nur gehorchen, hat noch niemandem geschadet.

B. Kinder finden schon ihren Weg. Besser, man gibt ihnen Freiheiten, als sie ständig zu bevormunden.

C. Man kann Kinder nicht «gut» machen, aber man kann mit ihnen versuchen, dass sie sich wünschen, «gut» zu sein. Nicht «Kadavergehorsam» ist angesagt, sondern die Ermutigung zur Selbstdisziplin.

Antwort C beinhaltet die angemessene Perspektive

Kinder müssen lernen, aus Eigeninitiative selbstverantwortlich zu handeln, den Willen zu haben, aus eigener Kraft «gut» zu werden, die allgemeinverbindlichen Normen und Werte zu verinnerlichen – und nicht, weil sie durch Gehorsam und Disziplin darauf eingeschworen sind. Freiheit und damit die Freiheit zur Verantwortung erwirbt man – so der Pädagoge Rolf Arnold – nicht durch Disziplin, sondern «Selbstdisziplin erwirbt man durch Freiheit». Und Selbstdisziplin heißt: Kinder nicht «gut» zu machen, sondern dass sie sich wünschen, «gut» zu sein. Dazu bedarf es festgelegter und vereinbarter Regeln, Rituale und Grenzen, die sich am Alter und an den Entwicklungsbesonderheiten des Kindes orientieren, die Erziehung als Begleitung ins Leben verstehen, die Heranwachsende von einer egozentrischen Sichtweise, wie sie für das Säuglings- und Kleinkindalter so kennzeichnend ist, an ein altruistisches Handeln heranführen, das sich durch Helfen, Mitgefühl, Trösten und Teilen auszeichnet.

Disziplin erwächst aus der Freiheit. Die Verinnerlichung von Normen und Werten gründet auf deren Akzeptanz, setzt Teilhabe am pädagogischen Prozess voraus. Zur Disziplin, genauer: Selbstdisziplin, gehört, die Anforderungen des sozialen Miteinanders zu erfüllen, den anderen in seinem Recht auf Unversehrtheit zu achten und zu respektieren, moralische Standards umzusetzen, eigene Bedürfnisse zu befriedigen und Schuld bei Verfehlungen einzugestehen, Versuchungen zu widerstehen, aber sich klar zu werden, dass sie zum Leben gehören.

Warum rutscht mir manchmal die Hand aus? (58)

«Ich will nicht schlagen», erzählt mir eine Mutter auf einem Elternabend, «aber manchmal rutscht mir die Hand doch auch aus. Tut mir
zwar leid, aber das passiert. Wenn die nicht hören, dann setzt es was
… tja, anders krieg ich die nicht zur Ruhe … Ehrlich.»

Ein anderer Vater wiegt nachdenklich den Kopf: «Ich weiß nicht.
Wenn ich mal 'nen Klaps gebe, ich bin total fertig …» – «Genauso
geht's mir auch», hakt eine Mutter ein. «Genauso. Aber … Manchmal
geht's nicht anders. Ich bin überfordert … fertig. Ich möchte es …
anders machen, aber …» Sie zuckt mit den Schultern: «Es geht nicht.
Wirklich nicht. Da gucken zu viele zu. Tja … und irgendwann stehst
du so unter Druck, dann knallt es.»

Wie verhalten Sie sich?

A. Wie soll man sich denn sonst durchsetzen? Gut, natürlich nicht an
   den Kopf schlagen. Das ist klar! Aber auf den Hintern, das hilft!
   Nachdruck hilft immer!

B. Schläge helfen nicht, Züchtigungen sind keine pädagogischen Maßnahmen. Auch wenn einem manchmal die Hand «locker» sitzt, es
   muss einen anderen Weg geben. Schläge erniedrigen Kinder und
   zeugen von der Ohnmacht der Eltern.

C. Das mit dem Reden ist ja schön und gut. Aber es geht doch nicht!
   Manchmal hat man doch den Eindruck, als holten sich die Kinder
   ihren Klaps ab. Ehrlich!

Schläge demütigen, sie beschädigen die Würde des Erziehers und des Kindes. Schläge als Mittel des Grenzensetzens sind Eingeständnisse von Niederlagen. Schläge kennzeichnen und produzieren «verwundete Menschen» (Dreikurs).

Schläge und Züchtigungen fördern die Angst vor leerer und schwacher Autorität. Das Kind wehrt sich – unbewusst – gegen die erlittenen Demütigungen. Das Kind tritt mit dem Erziehenden in einen Machtkampf. Es rächt sich, übt Vergeltung, macht den Erziehenden hilflos, indem es durch sein Verhalten körperliche Züchtigungen geradezu provoziert. Der Erziehende hat den Eindruck, als «wolle» das Kind Schläge. Dahinter steckt Rache des Kindes. Es führt dem Erziehenden erzieherische Hilflosigkeit und Ohnmacht ständig und immer aufs Neue vor Augen.

Für viele Kinder stellt sich die körperliche Züchtigung als das Erleben von Angst und Ohnmacht dar. Der physische Schmerz vergeht manchmal schnell, was bleibt, sind die psychischen Wunden und Narben: Gefühle der Scham, der Bloßstellung und des Ausgeliefertseins.

«Aber was soll ich denn machen», klagt eine Mutter, «wenn mir die Hand ausgerutscht ist. Soll ich denn im Erdboden versinken oder mir alles gefallen lassen?»

Wenn man seine Grenzen überschritten, die Achtung des Kindes und die eigene Würde verletzt hat, dann ist dies als Eingeständnis einer Niederlage zu werten, ganz im Sinne des «Mutes zur Unvollkommenheit» – ohne Wenn und Aber. Sich beim Kind zu entschuldigen, seine Mitarbeit einzufordern, damit aus der Erniedrigung und dem Verlust der Selbstachtung gegenseitige Anerkennung und konstruktive Zusammenarbeit wird, wäre dann der nächste Schritt.

Was macht man, wenn das Kind die Eltern beim Geschlechtsverkehr erwischt? (59)

Es ist kurz vor Mitternacht. Max, sieben Jahre, ist auf dem Weg in sein Zimmer. Als er vor dem Schlafzimmer seiner Eltern steht, stockt er kurz … überlegt, zögert. Dann drückt er die Türklinke herunter, öffnet die Tür, sieht ins Dunkel des Zimmers. Er geht vorsichtig einige Schritte hinein, auf das Bett seiner Eltern zu. Max hört Stöhnen, Geräusche der Lust. Er tritt nahe ans Bett heran, sieht ein in sich verschlungenes Menschenknäuel und fragt kurz und trocken: «Was macht ihr da?»

Wie verhalten Sie sich?

A. Da ohnehin nichts mehr läuft, weil der Schreck in sämtliche Glieder gefahren ist, nehmen Sie Ihren Sohn kurz in den Arm und bitten ihn dann aus dem Zimmer, um am anderen Morgen mit ihm über die Situation zu reden.

B. Mit den Worten «Sag mal, spinnst du? Klopf gefälligst an!» weisen Sie ihn unmissverständlich aus dem Zimmer und nehmen sich vor, die Schlafzimmertür zukünftig abzuschließen. Man hat schließlich ein Recht auf Intimität. Man klopft ja auch an die Tür zum Kinderzimmer an.

C. Sie achten zukünftig darauf, dass die Kinder nicht da sind, wenn Sie Ihren Spaß haben wollen. Denn gestörter Sex ist doch ziemlich frustrierend.

Ich favorisiere A, aber C passt auch, wenn man seine Bedürfnisse aufschieben kann

Genauso wie das Kind ein Recht auf eigene Zeiten und Räume hat, z.B. auf ein Alleinsein im eigenen Zimmer, genauso wichtig ist es, den Kindern erfahrbar zu machen: «Ich brauche Zeit für mich!» Oder: «Wir brauchen Zeit für uns. Das ‹Hotel Mama› hat Ruhetag.» Je normaler und selbstverständlicher diese Regel in den Alltag einbezogen ist, je konsequenter elterliche Bedürfnisse in für Kinder nachvollziehbaren Ritualen eingebunden sind, umso eher sind Kinder bereit – von bestimmten Tagesformen und Ausnahmen einmal abgesehen –, sich darauf einzulassen. Kinder fühlen, dass sie nicht generell ausgeschlossen werden, vielmehr nur für eine bestimmte, überschaubare Zeit auf sich gestellt sind.

Deshalb können Eltern ihre liebevollen Zeiten ohne schlechtes Gewissen miteinander genießen.

Nun lässt sich Klarheit nicht überall und in jeder Situation durchhalten – dies insbesondere dann nicht, wenn Kinder noch sehr jung sind. Zwar kann man ihnen die Notwendigkeit einer eigenen Zeit und eigener Räume vermitteln, man kann sie bitten, die geschlossene – nicht: abgeschlossene! – Tür zu respektieren.

Doch handeln jüngere Kinder meist spontan, oder sie sind einfach vergesslich. Stehen jüngere Kinder dann vor dem Bett, während die Eltern miteinander kuscheln, intensive Gefühle austauschen, miteinander schlafen, ist es wichtig, aufzuhören und das Kind nicht wegzuschicken. Klopft das Kind an die geschlossene Tür und möchte hereinkommen, ist es besser – ich weiß: «Oh, welch Frust!» –, das Kind hereinzubitten. Kinder sind neugierig, wollen wissen, was die Eltern gerade machen. Dann genügt der Hinweis auf Zärtlichkeit, Schmusen und Streicheln. Das reicht! Und bloß keinen sexualpädagogischen Vortrag!

Muss man Geschwisterkinder gleich behandeln? (60)

Wir bemühen uns, unsere Kinder doch «irgendwie gleich zu behandeln», so Stephan und Gabriele Muster, Eltern von Patrizia und Pia, neun und sechs Jahre alt, «doch im Alltag gelingt das nicht immer. Patrizia ist eine Schnecke, sie trödelt und träumt. Pia ist da fixer, in allem, muss nicht ständig aufgefordert und erinnert werden.» Die Kinder, so die Eltern eher resigniert, seien so verschieden, das mache den Umgang mit ihnen verdammt anstrengend. «Und dabei wollen wir doch kein Kind benachteiligen!»

Wie verhalten Sie sich?

A. Ich bemühe mich, ihre Unterschiedlichkeit zu respektieren, auch wenn das im Alltag nicht immer einfach ist und sich die Kinder manchmal ungerecht behandelt fühlen.

B. Man muss Kinder schon gleich behandeln, weil sich zwischen ihnen ansonsten Neid und Missgunst aufbauen und ständige Streitereien die Folge sind. Schon um des lieben Friedens willen ist es notwendig, Kindern doch Gleichheit zuteilwerden zu lassen, auch wenn das verdammt schwerfällt.

C. Man bekommt ein verdammt schlechtes Gewissen, wenn man Kinder nicht gleich behandelt, es bereitet einem unangenehme Gefühle, wenn man ein Kind leiden sieht, weil es etwas nicht darf, was man einem anderen erlaubt hat.

Antwort A plädiert für Unterschiedlichkeit, ich auch

Wer alle Kinder gleich behandelt, nimmt die Unterschiedlichkeit eines Kindes, sei es sein Charakter oder sein Temperament, nicht wahr und ernst. Nicht um Gleichbehandlung geht es, sondern darum, Kindern in ihrer Individualität gerecht zu werden. Vergleiche nie ein Kind mit einem anderen, so hat es der Pädagoge Pestalozzi vor über zweihundert Jahren einmal formuliert, sondern nur mit sich selbst. Jedes Kind muss auf seine Art und Weise angenommen werden: Ein Kind, das schnell Absprachen akzeptiert, kann man mit einer Großzügigkeit begegnen, eines, was kaum Grenzen einhält, braucht eine konsequentere Begleitung. Erziehung hat mit Demut zu tun, damit, dass nicht alles so läuft, wie man es sich als Vater oder Mutter vorstellt, möglichst schon sogar plant. Wenn man dann noch zwei Kinder hat, lernt man ständig, macht ununterbrochen neue und andere Erfahrungen. Und man begreift: Ich muss als Vater oder Mutter den Gedanken loslassen, dass alles so läuft, wie man es geplant hat. Kinder wollen keine perfekten Erziehungstheoretiker, vielmehr Eltern, die den Erziehungsprozess als gemeinsames Lernen von Eltern und Kindern begreifen. Es gilt die Verschiedenartigkeit von Kindern, auch von Geschwisterkindern zu akzeptieren und die Unterschiedlichkeit als Chance und Herausforderung anzunehmen.

Alle anderen dürfen:
Was mache ich, wenn mein Kind das ständig sagt? (61)

Die Mutter des 14-jährigen Thomas genehmigt ihrem Sohn den Dis-ko-Besuch am Samstagabend, erwartet aber eine pünktliche Rück-kehr: «Um zehn Uhr bist du hier!» Thomas zieht eine ärgerlich-belei-digte Grimasse: «Um elf Uhr!» «Du hast mich verstanden, Thomas?» «Warum?» «Das habe ich dir häufig genug erklärt: Weil ich für dich noch verantwortlich bin!» Thomas überlegt einen Augenblick: «Aber alle anderen dürfen auch!» «Wer?» «Anne, Martin, Tobias, Rita – alle eben!» «Ich ruf mal Martins und Annes Mutter an. Das möcht ich doch mal wirklich wissen.» Thomas' Stimme überschlägt sich fast: «Du glaubst mir wohl nicht! Du bist gemein! Ruf da bloß nicht an!»

Wie verhalten Sie sich?
A. Sie rufen bei den anderen Eltern an, um sich zu erkundigen, wie die es mit der Zeit des Nachhausekommens halten. Sie erfahren, dass deren Kinder auch um 22 Uhr zu Hause sein müssen. Aber Sie wären auch bei Ihrer Meinung geblieben, wenn die Freunde länger wegbleiben dürfen!
B. Sie haben es satt, ständig mit Ihrem Sohn zu diskutieren. Sie geben mit den Worten «Meinetwegen! Aber nur heute!» nach. Sie fühlen sich nicht gut, weil Sie nachgegeben haben, aber die Streitereien gehen ja auch an die Nerven.
C. Ich lasse mich da nicht in einen Machtkampf hineinziehen. Was die anderen machen, das ist mir so was von egal! Ich lasse mich doch nicht von denen in irgendeiner Weise unter Druck setzen!

Ich tendiere zu Antwort A

Viele Elterngespräche zeigen mir: Eltern würden schon gerne Grenzen setzen. Aber dann machen viele einen Rückzieher, weil sie sich von der Meinung anderer Menschen abhängig machen. Das hat Konsequenzen:

— Man handelt nicht so, wie es die Situation erfordert. Nicht das eigene Kind ist wichtig, sondern andere, manchmal völlig fremde Menschen.

— Wer sich von anderen abhängig macht, kann nicht mehr spontan und situationsangemessen reagieren. Man verliert sich und das eigene Kind aus den Augen.

— Schließlich: Je weniger Vater und Mutter bei sich und ihrem Tun bleiben, je mehr sie sich um die Anerkennung anderer bemühen, umso intensiver übernehmen Kinder dieses Modell – ganz nach dem bekannten Motto: «Alle andere dürfen, nur ich nicht!» Oder: «Du hast mich nicht lieb, weil ich dies und das nicht darf!» Oder: «Dann kann ich ja gleich ausziehen!»

Mit solchen Sätzen testen Pubertierende ihre Eltern aus, wie weit sie gehen können, erkunden sie elterliche Standfestigkeit.

Wie stärke ich das Selbstbewusstsein meiner kleinen Tochter? (62)

Katja, zwei Jahre alt, lässt sich auf dem Spielplatz immer alles wegnehmen. Sie wirkt hilflos, steht verloren herum, wenn andere Kinder ihr Spielgegenstände entreißen. Katja wehrt sich nicht, zieht die Schultern ein und schaut mit tränenerfüllten Augen zur Mutter, die am Rande des Platzes sitzt. Nach einiger Zeit kommt sie dann angelaufen und weint bitterliche Tränen.

Wie verhalten Sie sich?
A. Sie nehmen die Tochter kurz in den Arm und sagen ihr: «Katja, du musst dich wehren!»
B. Sie gehen auf die anderen Kinder zu und maßregeln sie mit den Worten: «Seid nicht so grob mit Katja. Das Spielzeug gehört doch allen!»
C. Wenn Ihre Tochter angelaufen kommt, dann nehmen Sie sie in den Arm, weil Sie wissen, dass tröstender Zuspruch stärkt und in diesem Alter hilft, Frustrationen auszuhalten. Katja muss sich aufgehoben fühlen, so wird sie auf Dauer selbstbewusst werden und sich behaupten können.

Antwort C stärkt auf längere Sicht das Selbstbewusstsein

Je mehr Ur- und Selbstvertrauen Kinder haben, je stärker ihr Leben und ihre Entwicklung durch Verlässlichkeit geprägt sind, umso selbstsicherer ziehen sie in die Welt hinaus, verlassen bekannte Orte. Der Säugling krabbelt aus dem Bett und erobert das Zimmer, das kleine Kind läuft und erobert das Haus, das ältere Kind rennt in den Garten, dann in die Umgebung der elterlichen Wohnung. Bald sind die Grenzen des Ortes und der Region erreicht.

Leben hat mit Trennung und Abschied zu tun. Und Trennung und Abschied stehen für Veränderung und Neuerung. Ohne Trennung und Abschied ist eine Individuation, ein selbstbestimmtes, eigenes Leben, sind Autonomie und Eigenständigkeit, sind Ich-Identität und Zu-sich-selber-Finden nicht möglich.

Unsicher gebundene Kinder fühlen sich nicht an-, schon gar nicht als Persönlichkeit ernst genommen. Nur wer sich geborgen fühlt, ist bereit für Neues. Nur wer sich ernst genommen weiß, handelt selbständig, nur wer respektiert wird, respektiert andere, nur wer als eigene Persönlichkeit geachtet wird, achtet andere in ihrer Autonomie.

Erziehung zur Selbständigkeit auf der Grundlage eines sicheren, verlässlichen Fundaments kann selbstsichere Kinder hervorbringen, die produktiv und offensiv mit Unsicherheiten umgehen können.

Bei manchen Kindern bildet sich der Selbstbehauptungswille allerdings langsam und auch altersmäßig später heraus. Dies ist weniger eine Frage der Erziehung als vielmehr eine des Temperaments. Vorsichtig-introvertierte Kinder trauen sich häufig nicht oder weniger zu. Wenn ein Kind dann traurig oder gar verzweifelt ist, dann braucht es Annahme in Form von Trost und Zuspruch. Probleme für das Kind zu lösen schwächt das Kind, macht es von Eltern abhängig.

Zoff zwischen Jungen und Mädchen:
Warum müssen die so häufig miteinander streiten? (63)

Ihr ginge dieses ständige Gegeneinander von Mädchen und Jungen «ziemlich auf den Geist», erzählt eine Erzieherin, die mit drei- bis sechsjährigen Kindern zu tun hat. Sie wollte damit nicht sagen, dass nur die Jungen ihren Anteil am Zoff haben. «Auch Mädchen können ‹richtig grob› werden, nicht so offen wie die Buben, eher hinterhältig!»

Sie wisse sich da manchmal nicht zu helfen, sei «einigermaßen hilflos ob dieses wenig sozialen Umgangs von Jungen und Mädchen». Sie schüttelt den Kopf: «Mal greife ich ein, versuche zu vermitteln, dann lasse ich die Situation laufen, weil ich es leid bin, ständig den Schiedsrichter zu spielen!»

Wie verhalten Sie sich?

A. Sie ignorieren das Verhalten der Kinder, weil Sie der Auffassung sind: «Wer sich schlägt, verträgt sich auch wieder!» Streitereien zwischen Mädchen und Jungen, die gab es immer und wird es immer wieder geben. «Darüber lass ich mir jetzt keine grauen Haare wachsen!»

B. Sie greifen in solchen Situationen ein, trennen die Streithähne, ohne jemandem die Schuld zu geben. Später nehmen Sie Kontakt zu beiden auf und klären mit den beiden «Parteien», wie man Konflikte auch lösen kann, ohne zu schlagen. Und Sie versuchen, Angebote zu machen, damit Jungen und Mädchen Verständnis füreinander entwickeln.

C. Sie schreiten sofort ein, trennen beide, weisen die Mädchen unmissverständlich darauf hin, auch sie tragen eine gehörige Portion Mitschuld an der Situation und sollten sofort aufhören zu heulen!

Antwort B enthält eine konstruktive Perspektive

Vom Kindergartenalter an bilden sich häufig gleichgeschlechtliche Freundschaften aus: Jungen spielen mit Jungen, Mädchen eher mit Mädchen. Beide Geschlechter spielen eher nebeneinander denn miteinander und grenzen sich vehement voneinander ab. Während Mädchen die körperlichen Übergriffe der Buben monieren, kritisieren diese das zickenhafte Gehabe der Mädchen.

«Genau das ist es», erklärt die Mutter des knapp vierjährigen Timo und der sechsjährigen Joanna. «Jungen bilden Banden, Mädchen Terrorgruppen!» Wie sie das meine, will ich wissen. «Bei Jungen geht's hart, aber herzlich zu, da weiß man, woran man ist. Mädchen erpressen sich mit den fiesesten Worten!» Diese ebenso pointierte wie provokante Feststellung lässt sich nicht unbedingt verallgemeinern, beschreibt aber einige Beobachtungen anschaulich. Kinderfreundschaften geht man ein, um von anderen akzeptiert zu werden. Man vergleicht sich, misst sich. Solche Freundschaften sind völlig unerotisch. Aber es gibt natürlich auch Freundschaften zwischen Mädchen und Buben, die spürbar den Zauber einer ersten Verliebtheit besitzen.

Wenn Jungen und Mädchen ihre geschlechtliche Identität gefunden haben, gehen sie wieder aufeinander zu und sind dann bereit, sich aufeinander einzulassen.

Deshalb sind Projekte wichtig, die Mädchen und Jungen zusammenführen: Buben erfahren von Mädchen, wie man Konflikte sprachlich lösen kann; Mädchen können umgekehrt mit Jungen erleben, wie man tobt und rangelt, wie man Körperlichkeit genießt.

Warum schlägt mein Dreijähriger einfach drauflos? (64)

Frederik, drei Jahre, geht in den Kindergarten. Er ist dort beliebt, aber zugleich gefürchtet, weil er anscheinend grundlos andere Kinder schlägt, schubst oder wegstößt, wenn ihm etwas nicht passt. «Er hat überhaupt keine Frustrationstoleranz, keinen Respekt vor anderen Kindern», so der Vater ratlos, «weiß gar nicht, was er mit seinen Kräften anrichten kann.» «Und wenn wir schimpfen», so die Mutter, «sagt er, es täte ihm leid, aber einen kurzen Augenblick später setzt er sein aggressives Verhalten fort.»

Wie verhalten Sie sich?

A. Ich rede mit ihm, mache ihm klar, dass er anderen wehtut und ich nicht möchte, dass er so handelt. Ich sage ihm: «Du willst doch auch nicht, dass man dich schlägt.»

B. Ich bestrafe ihn mit zwei Tagen «Kindergarten-Entzug», weil man ihn damit am besten trifft. Denn er geht schließlich gerne dorthin.

C. Frederik muss begreifen, was er mit seinen körperlichen Kräften anrichten kann. Deshalb muss er lernen und erfahren, seine körperlichen Kräfte angemessen einzuschätzen. Denn es geht beim Kämpfen ja nicht darum, jemand anders zu verletzen.

Auch wenn dies nicht sofort hilft, dauerhaft hilft nur Antwort C

Dem Verhalten von Frederik liegen drei Faktoren zugrunde: Da sind zunächst einmal jene körperbetonten Aggressionen, die für diese Entwicklungsphase so typisch sind. Frederik setzt sich physisch mit anderen Kindern auseinander. Hinzu kommt ein zweiter Aspekt: Frederik hat gelernt, wie man mit Aggressionen Aufmerksamkeit bekommt, und zieht nun die Eltern und die Erzieherinnen in einen Machtkampf hinein. Er führt die Erwachsenen im wahrsten Sinne des Wortes vor. Zum Dritten hat Frederik noch nicht gelernt, angemessen mit Frustrationen umzugehen. Reifung und Entwicklung eines Kindes haben immer auch mit Grenzüberschreitungen zu tun. Eltern wollen ein selbstbewusstes, eigenständiges Kind – aber dazu gehört auch, sie mit ihren aggressiven Persönlichkeitsanteilen anzunehmen. Wobei es natürlich wichtig ist, Verständnis für das Kind nicht mit Akzeptanz jeder seiner Verhaltensweisen zu verwechseln. Zwei Verhaltensweisen können für Frederik wie für andere Kinder auch wichtig werden:

– Eltern sollten mit ihren Kindern regelmäßig rangeln und raufen, um ihnen zu zeigen, dass zum Ausleben von Aggressionen auch die Befolgung von Regeln gehört. Kämpfe sind wichtig, aber sie müssen auf der Grundlage gegenseitiger Achtung und gegenseitigen Respekts erfolgen.

– Und es ist darüber hinaus bedeutsam, Kindern wie Frederik soziale Verhaltensweisen zu vermitteln: Wenn ein Kind von einem anderen etwas will, dann muss es dies anders ausdrücken als über ungezügelte Aggressionen. Das Gleiche gilt, wenn sie in Ruhe gelassen werden möchten. Dann muss man keine körperlichen Kräfte einsetzen, sondern ein unmissverständliches Wort wie «Nein!» tut es auch.

«Fremdeln»:
Warum hat meine kleine Tochter vor jeder
neuen Situation Angst? (65)

Johanna hat sich so sehr auf den Kindergarten gefreut. Aber nachdem sie zwei Tage dort war, wollte sie nicht mehr hingehen. «Was mache ich nur», so Joannas Mutter, «wenn sie in einem Jahr in die Schule muss! Davor graut mir schon!» Sie schüttelt den Kopf. «Johanna ist doch so ein selbstbewusstes, eigenständiges Kind. Woher kommt ihr Verhalten nur?» Sie überlegt: «Mache ich ihr Angst, setze ich sie zu sehr unter Druck?»

Wie verhalten Sie sich?

A. Angst vor neuen Situationen ist normal. Das Kind «fremdelt», braucht Zeit, um sich einzugewöhnen. Und diese Zeit muss man einem Kind geben, auch wenn das Verhalten nervt und andere Kinder diese Unsicherheit nicht zeigen.

B. Ich nehme das Kind aus dem Kindergarten, weil es sich unwohl fühlt und ich nicht möchte, dass es irgendeinen Schaden nimmt. Doch wie es dann später in der Schule wird, weiß ich nicht. Aber darüber mache ich mir schon Sorgen!

C. Ich rede mit den Erzieherinnen, damit sie sich auf meine Tochter noch mehr einlassen. Wenn ich schon nicht da bin, dann müssen die sich schon mal kümmern! Schließlich zahle ich für eine angemessene Betreuung.

Antwort A trifft die Situation genau

Das Verhalten von Johanna hat mit «Fremdeln» zu tun. Sie möchte sich zwar mit neuen Situationen konfrontieren, sich auf sie einlassen, aber sie traut sich noch nicht ganz. Johanna zu drängen oder gar ihre Gefühle zu verharmlosen, das hilft ihr in dieser Lage kaum. Es ist auch nicht hilfreich, jetzt bereits daran zu denken, wie die Situation sich wohl in einem Jahr zeigen wird. Das Kind braucht Zeit, und hier kann die Entwicklung einiges verändern. Johanna kann Selbstvertrauen gewinnen, zu mehr Selbstbewusstsein kommen, sodass sie sich traut, ihr unbekannte Situationen sicherer zu bewältigen. Eltern sollten Kinder wie Johanna deshalb diese Zeit lassen. Und sie sollten bei Johanna nicht auf das schauen, was sie nicht kann, sondern vielmehr ihre Stärken, die sie ja zweifelsohne hat, in den Mittelpunkt stellen. Und noch ein weiterer Hinweis scheint mir wichtig: Johanna sollte weiterhin den Kindergarten besuchen, die Eltern sollten mit den Erzieherinnen ein Übergaberitual vereinbaren und dann den Kindergarten sofort verlassen – auch wenn Johanna starke gefühlsmäßige Reaktionen zeigt. Der Kindergarten und die Erzieherinnen sind Johanna irgendwann so vertraut, dass sie sich aufgehoben fühlt.

Sich herausreden:
Warum sagt mein Sohn die Unwahrheit, obgleich ich
ihn durchschaut habe? (66)

Anton, zwölf Jahre, lügt seine Eltern ständig an. «Er hat», so seine Mutter, «für alles eine Ausrede.» Sie schüttelt den Kopf: «Wenn er zu spät nach Hause kommt! Wenn er seine Klamotten schmutzig macht! Wenn er etwas verloren hat!» Der Vater schüttelt den Kopf: «Auch wenn man merkt, dass er sich alles aus den Fingern saugt! Dass er lügt! Er bleibt dabei!» «Dabei ist alles so offensichtlich!», sagt eine sichtlich genervte Mutter: «Aber wehe, ich sage, er lüge, dann dreht er durch und weist alles von sich, behauptet mit den unschuldigsten Augen, die es gibt, er würde niemals lügen: ‹Ehrenwort!›»

Wie würden Sie sich verhalten?

A. «Alltagslügen» aufdecken, ihm sagen: «Du sagst die Unwahrheit!» Und sich auf keine Diskussionen einlassen, selbst dann, wenn er «ausflippt».

B. Ihn in ein «Verhör» nehmen und aufzeigen, dass er die Unwahrheit gesagt hat. Sie reden mit ihm so lange, bis er vielleicht geständig ist und verspricht, nie wieder die Unwahrheit zu sagen.

C. Sie sind entsetzt, dass er lügt, sehen darin einen Erziehungsfehler und überlegen, was Sie wohl falsch gemacht haben, dass er so wenig Vertrauen zu Ihnen hat, die Wahrheit zu sagen.

Ich plädiere für Antwort A

Lügen sind Teil einer Entwicklungsphase zu Beginn der Pubertät und damit anders zu bewerten und einzuordnen als am Ende dieses Entwicklungsabschnittes oder gar im frühen Erwachsenenalter. Im Lügen überschreiten die Heranwachsenden normative Grenzen, wollen austesten, wie weit sie gehen können. Das Lügen gehört – so paradox sich das anhört – zur moralischen Entwicklung. Kinder probieren aus, was gut oder böse, was richtig oder falsch, was möglich oder unmöglich ist, was man darf oder was sich moralisch nicht gehört: «mein» und «dein» zu unterscheiden, den Grundsatz zu erfahren: «Was ich nicht will, das man mir tu, das füge ich auch keinem anderen zu!» Die Ausbildung von Moral ist ein äußerst widersprüchlicher und für alle Beteiligten komplizierter und stressbetonter Prozess. Für Väter und Mütter kommt es darauf an, das (pubertierende) Kind durch diese Zeit haltgebend zu begleiten: indem man Vorbild ist – in seinen Worten und Handlungen –, allgemeingültige Normen und Werte vorlebt, eben nicht zu lügen, sondern aufrichtig und ehrlich zu sein. Und indem man die Lügen, wenn man sie als Eltern bei Kindern bemerkt, aufdeckt: «Du sagst die Unwahrheit!» Und dem Kind damit das Grenzüberschreitende seines Tuns verdeutlicht.

Was muss man beachten, wenn man jüngeren Kindern Grenzen aufzeigen möchte? (67)

«Mein Louis, der ist jetzt etwas über zwei Jahre alt», erzählt sein Vater. Aber der provoziere ihn völlig. Alles das, was er nicht machen soll, das macht er. Und zwar mit großer Freude. «Ich hab's ihm unendlich häufig erklärt, aber dann schaut er mich nur an, lächelt, hört kurz auf und macht dann weiter. Und zwar immer und immer wieder.»

Wie verhalten Sie sich?

A. Sie lassen es irgendwann sein mit dem Gerede! Was soll es! Kinder finden irgendwann von selbst ihre Grenzen. Nur so funktioniert es! Ich rede mir doch nicht den Mund fusselig!

B. Ich rede kurz und knapp mit den Kindern, weil ich weiß, ständiges Reden bringt überhaupt nichts. Ich muss authentisch sein in dem, was ich sage und was ich will. Kinder mögen diese Klarheit. Aber manchmal machen sie einfach weiter!

C. Wo kommen wir denn da hin, wenn Kinder machen und tun können, was sie wollen? Nein! Auch wenn das Kind brüllt, stampft, sich auf den Boden wirft! Ich lasse mich nicht unter Druck setzen. Ein bisschen Disziplin ist nun mal notwendig.

In Antwort B finden sich konstruktive pädagogische Ansätze

Durch klare Grenzen spüren Kinder ein Gefühl der Zugehörigkeit zu einer Gruppe, zu anderen Menschen, zur Familie. Auf der Basis einer intensiven Bindung kann Selbstvertrauen gedeihen, kann das Kind Beziehungen zu anderen Menschen eingehen. Es lernt, das Gewohnte von ungewohnten, noch nicht gemachten Erfahrungen zu unterscheiden.

Deshalb ist die frühe Erfahrung von Grenzen wichtig – allerdings auf der Basis einer gefühlsmäßig intakten Beziehung zwischen Eltern und Kindern.

Einige Grundsätze sind beim Grenzensetzen mit jüngeren Kindern zu beachten:

- Eltern nehmen häufig wortreich und wenig klar Kontakt zu den Kindern auf. Finden sie nach einem unendlichen «Labern» keine Einsicht auf Seiten der Kinder, sind nicht selten impulsive Reaktionen die Folge.
- Sätze wie «Das ist gefährlich», «Das ist zu schwer für dich», «Das kannst du noch nicht!» unterstützen Kinder nur selten bei der Einhaltung von Grenzen. Begreifen geht über Greifen – dieser Grundsatz gilt beim Grenzensetzen für jüngere Kinder. Grenzen müssen begrifflich erfassbar und anschaulich erfahrbar sein.
- Grenzen haben sich am Kind in seinem Hier und Jetzt, an seiner konkreten Gegenwart auszurichten. Was für andere Kinder gilt, braucht für das eigene Kind nicht zuzutreffen; was für ein Kind in ein oder zwei Jahren als Einengung erfahrbar wird, kann gegenwärtig Hilfestellung und Unterstützung bedeuten.

Selbstbefriedigung:
Wie gehe ich damit um, wenn mein Vierjähriger
sich ständig selbst befriedigt? (68)

Dorothea Elser zögert. «Also», fängt sie an, «mein Benno, mein Sohn, der liegt häufig auf dem Bauch. Und dann geht es auf und ab …» Sie sieht mich fragend an, ob sie denn wohl verstanden habe. «… er onaniert», ergänze ich.

«Ja», ihre Stimme ist sehr leise, sie klingt brüchig. «Sein Kopf ist dann ganz rot … Ich will ihn dann ablenken, aber nichts hilft.»

Wie verhalten Sie sich?

A. Selbstbefriedigung gehört zur kindlichen Entwicklung dazu. Es bedeutet für Kinder Lust. Die will ich ihnen nicht nehmen. Aber ich achte auch darauf, dass es für andere nicht peinlich ist.

B. Ich versuche, dass das Kind auf andere Gedanken kommt, damit es mit seinem Tun aufhört. Bei allem Verständnis für mein Kind, aber diese Art von Lustgewinn muss nun wirklich nicht sein.

C. Ich frage mich schon, warum mein Kind das macht, woher es das hat. Aber verhindern lässt es sich wohl nicht. Aber nur wegschauen in der Hoffnung, er hört damit auf, geht ja wohl auch nicht. Also, ich bin da wirklich unsicher.

Selbstbefriedigung hat aus der Sicht von jüngeren Kindern ein sehr weites Bedeutungsspektrum:

– Onanie ist Bestandteil der körperlichen Selbstfindung und der emotional-sexuellen Entwicklung von Kindern. Onanie hat zu tun mit der Entdeckung des eigenen Körpers.

– Dass die Berührung des Körpers mit lustvollen Momenten verbunden ist, erfährt das Kind eher beiläufig: Durch die Reibung der Kleidung, durch das Liegen auf dem Bauch. Solche Gefühle werden durch Manipulation verstärkt: Die Jungen berühren ihren Penis, drücken ihn rhythmisch gegen weiche Unterlagen; die Mädchen reizen ihren Kitzler mit der Hand, legen sich Kissen oder Stofftiere zwischen die Schenkel, um die angenehmen Gefühle zu verstärken.

– Onanie bedeutet für Kinder Lust, sie bringt keinen körperlichen oder seelischen Schaden mit sich. Die häufig wiederholte Selbstbefriedigung hat zu tun mit lustvollen Gefühlen, die auf ein Nochmehr drängen, sowie mit der spielerischen Neugierde, den Körper zu erkunden.

Allerdings müssen Regeln und Rituale beachtet werden. Kinder können lernen, dass nicht jede Situation des Alltags geeignet ist, den Bedürfnissen nach Selbstbefriedigung spontan nachzugehen. Bei allem Verständnis ist der vormittägliche Stuhlkreis im Kindergarten ein zwar subjektiv möglicher, objektiv aber wenig passender Ort für das Ausleben körperlich-sexueller Gefühle. Dies gilt auch für die sonntägliche Kaffeerunde, wenn Oma zu Besuch ist, um den Enkel zu sehen. Aufschieben des Bedürfnisses kann ebenso hilfreich sein wie der Hinweis an das Kind, sich in eine ruhigere Ecke des Kindergartens oder in das eigene Zimmer zurückzuziehen.

Warum gerät man mit den Kindern so schnell aneinander, wenn man sie kritisiert? (69)

«Es ist unmöglich, dass du ständig unpünktlich bist», schimpft Robert Holz seinen Sohn an. Hannes verspätet sich tatsächlich häufiger.

«Hab's vergessen», versucht er zu beschwichtigen.

«Du vergisst alles. Das ist zum Mäusemelken mit dir.»

«Du bist nur schlecht gelaunt», kontert Hannes.

«Bis eben hatte ich gute Laune.»

«Dein Gesicht sah schon beleidigt aus, als du mich gesehen hast.»

«Jetzt hör aber auf!», erwidert der Vater scharf.

«Was kann ich dafür, dass du so eine blöde Kindheit hattest.»

Mit diesen Worten verlässt Hannes den Raum.

Wie verhalten Sie sich?

A. Sie zitieren Hannes in den Raum zurück: «Du bleibst hier und entschuldigst dich!» Wenn er das nicht tut, drohen Sie ihm: «Das wird seine Konsequenzen haben!»

B. Sie lassen ihn gehen, weil es eh keinen Zweck hat, jetzt mit ihm zu reden. Aber wann hat es überhaupt Zweck? Man ist da doch weitgehend machtlos! Soll er doch gehen! Irgendwie habe ich versagt, dass er keinen Respekt vor seinen Eltern hat!

C. Vielleicht lag es an meiner Reaktion, dass Hannes so reagiert hat. Ich muss meine Kritik, die nun mal notwendig ist, anders formulieren. Aber wie, ohne dass er gleich ausflippt?

Antwort C zeigt Perspektiven auf, wie man den Balanceakt bewältigen kann

Nicht der Sachkonflikt stand im Mittelpunkt des Disputes, sondern eine «Beziehungskiste». Mit der Formulierung «Es ist unmöglich!», greift der Vater seinen Sohn direkt an. Dieser wiederum empfindet den Satz als: «Du bist unmöglich!» Aus einem Konflikt, der zu klären ist, erwächst ein sprachlicher Clinch, werden Vorwürfe, die den anderen treffen sollen und die in beleidigter Wortlosigkeit enden.

«Aber wie kann ich das lösen? Wie komme ich da raus, dass es ständig diese Formen annimmt?» Hannes' Vater ist verunsichert.

Die Zauberformel lautet: Ich-Botschaften zu formulieren, zu lernen, sich darin auszudrücken. Ich-Botschaften benennen den Sachverhalt, geben Auskünfte über Gefühle und sprechen – falls erforderlich und notwendig – die Konsequenzen an, die sich aus nicht eingehaltenen Absprachen ergeben können, zum Beispiel: «Ich finde es nicht in Ordnung, wenn du länger als abgesprochen wegbleibst. Ich mache mir wirklich Sorgen.» Sind vorher Absprachen getroffen worden, dann könnte so fortgesetzt werden: «Wir hatten abgesprochen, dass du anrufst, wenn etwas dazwischengekommen ist. Und ich hatte gesagt, wenn du das nicht machst, dass du dann morgen deinen Freund nicht besuchen kannst. Du warst einverstanden.»

Ich-Botschaften, konkretisiert am dargestellten Konflikt, legen Wert auf vier wichtige Aspekte:
- Der Vater artikuliert seine Position. Er beschreibt die Situation, wie er sie sieht, spricht seine Gefühle an;
- er beschuldigt seinen Sohn weder direkt noch indirekt, trennt somit die Sache von der Beziehungsebene;
- Gestik, Mimik, Stimme und Sinn der Worte stimmen überein;
- und, wichtig: Sind in einem vorherigen Gespräch bereits Konsequenzen thematisiert worden, so sind diese nun umzusetzen.

Wie kommt man an Kinder heran, die jedes Gespräch abblocken? (70)

Björn, elf Jahre alt, spielt hin und wieder den coolen, unverwundbaren Typen. Seine Eltern kommen nicht an ihn heran: Er kapselt sich ab, obgleich die Eltern spüren, dass es in ihm brodelt. Seiner Schwester, knapp über neun Jahre alt, passiert es ähnlich, sie wirkt völlig unzugänglich, nur zu einer Freundin hält sie engen Kontakt. Am liebsten, so erklärt sie den Eltern, würde sie mit ihr in einer Wohnung zusammenziehen.

Wie verhalten Sie sich?

A. Sie deuten das Verhalten als Zeichen einer langsam sich einsetzenden Pubertät, als Ruhe vor dem Sturm. Sie stellen sich als Ansprechpartner zur Verfügung, suchen den Dialog in der Hoffnung, dass Ihre Kinder das Angebot auch annehmen, wenn sie es brauchen.

B. Sie machen sich Sorgen, können mit dem Rückzug der beiden Kinder nicht umgehen, wissen aber auch nicht, wie Sie den Kontakt aufnehmen, weil jedes Gesprächsangebot sofort abgelehnt wird.

C. Wenn ich schon nicht das Gespräch aufrechterhalten kann, dann sollen es Fachleute richten. Sie suchen im Telefonbuch nach einer Beratungsstelle, um die Kinder professionell beraten zu lassen.

**Antwort A zeigt, wie wichtig es ist, in Kontakt zu bleiben;
sonst Antwort C**

Das Kind im Schulalter – egal ob Junge oder Mädchen – wirkt innerlich zerrissen. Es hat Abschied genommen vom Kindergarten, wo es zu den «Großen» gehörte. Nun geht es in die Schule und muss wieder von vorne anfangen, sich arrangieren lernen. Es fremdelt, ist unsicher, zögerlich, vorsichtig.

Diese Spannung zeigt sich im Gefühlsleben – vor allem der Buben: Mal spielen sie die «Prinz-Eisenherz-Nummer», geben sich unverwundbar, cool. Aber im nächsten Moment wirken sie ängstlich, verdrossen, wollen nächtens zu den Eltern ins Bett.

Den Mädchen geht es nur unwesentlich anders: Da kommen sie vernünftig daher und wirken abgeklärt. An anderen Tagen wiederum zeigen sie sich weinerlich und unselbständig. Wenn Schulkinder sich aus dem Schoß der Familie lösen, dann suchen sie einen weiteren eindeutigen Bezugsrahmen, der Halt und Festigkeit anbietet. In diesem Moment werden gleichaltrige, gleichgeschlechtliche Freunde wichtig – für den Jungen ist es der «beste Freund», für die Mädchen ist es die «beste Freundin», mit der man stundenlang redet. Dies gilt insbesondere für sexuelle Themen.

Wenn dann ab dem achten oder neunten Lebensjahr Fragen zur Fortpflanzung oder zur Verhütung gestellt werden, nehmen die Eltern eine wichtige Position ein. Die Buben haben es dabei schwerer: Väter sind häufig nicht da, oder sie verweisen an die Mutter, weil sie sich unsicher fühlen. Manche Mutter zeigt sich dann ihrerseits irritiert, kann sie sich doch nur schwer in die Sexualität eines Heranwachsenden hineinversetzen.

Die Schulkinder nutzen zwar mediale Angebote, aber viele Sendungen oder Internetangebote bleiben oberflächlich, unseriös und zu abstrakt.

Angstlust:
Ist es nicht bedenklich, wenn Kinder sich so gerne gruseln? (71)

Der fünfjährige Jonas steht mit seinem Vater vor einer riesigen Geisterbahn, guckt mit großen Augen die blinkend-funkelnden Monster an. «Willst du da rein?», fragt der Vater. Jonas wirkt unschlüssig. Er hört Gekreische und Gejuchze aus dem Inneren. «Komm!», ruft Jonas plötzlich, zieht seinen Vater zur Geisterbahn. Sie besteigen einen Wagen. Jonas drückt sich fest an seinen Vater. Als er die ersten Gespenster sieht, hält er sich die Hände vors Gesicht, lässt sie aber einen kleinen Spalt offen, damit er die kleinen und großen Schreckensgestalten sehen kann. Er schreit laut auf. Fast hat es den Anschein, als wolle er die gruseligen Monster erschrecken. «Na?», fragt der Vater, als die Fahrt zu Ende ist und er die schweißnassen Hände seines Sohnes spürt. «Spitzenklasse!», ruft Jonas begeistert. Dann schmunzelt er: «Und die Gespenster waren feige. Immer, wenn ich ‹Weg!› gerufen habe, waren sie weg!» «Und?», fragt der Vater lachend. «Jetzt wollen wir wieder rein», sagt Jonas selbstbewusst. «Mal sehen, ob die Gespenster immer noch feige sind.»

Wie verhalten Sie sich?
A. Sie versuchen, Jonas davon abzuhalten, weil Sie der Meinung sind, er könne sich gefühlsmäßig überfordern und am Ende bliebe dann nur die «nackte» Angst. Sie machen ihn auf Alternativen aufmerksam, ziehen ihn von der Geisterbahn weg.
B. Sie gehen mit Jonas nochmals in die Geisterbahn, weil Sie spüren, er braucht die Begegnung mit den Gespenstern, um sich danach stark und mutig zu fühlen. Allerdings sagen Sie ihm auch: «Nur noch einmal. Dann ist Schluss für heute!»
C. Sie wissen nicht, wie Sie die Wünsche von Jonas deuten sollen, sind hin- und hergerissen zwischen «Ja!» und «Nein!», geben aber dem Drängen von Jonas mit einem «Meinetwegen!» nach, haben dabei aber ein verdammt ungutes Gefühl.

Antwort B weist einen phantasievollen Weg, mit dem «Gruseln» umzugehen

In der Lust an der Angst verbinden sich unbewusst gefühlsmäßige Nähe und wirkliche Gefahr. Dies ist für ein Kind nur deshalb auszuhalten, weil es um den Ablauf der damit einhergehenden Erregung weiß: Das Kind ist mit Haut und Haaren beteiligt, fühlt und geht mit, es spürt seinen Körper. Aber mit dem Erreichen eines Erregungsgipfels ist zugleich die Hoffnung auf angenehme Empfindungen während des Erregungsabbaus verbunden. Kinder atmen tief durch, lachen, toben, geben der Nervenanspannung Ausdruck: «Das war spannend!» Die Nacherzählungen, die Nachspiele zeugen von der Gefühlsintensität, machen deutlich, wie Kinder nun das innere Gleichgewicht wiederherstellen müssen, weisen aber auch stolz darauf hin, solch spannenden Erlebnisse – auch körperlich – durchgestanden zu haben.

Die Lust an der Angst macht Spaß, weil sie die Gewissheit bietet, in den Alltag zurückkehren zu können. Sie bleibt überschaubar, weil sie an eine bestimmte Situation gebunden ist. In der Lust an der Angst steckt die Sehnsucht nach Neuem. Ein geheimnisvolles Prickeln, dass etwas schiefgehen könnte, ist verbunden mit der unverbrüchlichen Gewissheit, dass es gut ausgehen wird.

Von Angstlust kann man sprechen, wenn folgende Grundvoraussetzungen zugleich gegeben sind:

– Das Kind setzt sich freiwillig einer gefährlichen, gefühlsmäßig verunsichernden Situation aus, die einem vertrauten und gewohnten Schema unterliegt. Jonas weiß um die Anwesenheit seines Vaters, er ahnt, dass es ein Happy End geben wird.

– Es existiert eine äußere, objektive Gefahr, die Gespenster. Das Kind lässt sich auf das Spiel ein und verzichtet auf gewohnte Sicherheit.

– Das Wissen um und das Vertrauen auf einen positiven Ausgang des Spiels lässt die Lust an der Angst erträglich werden.

Warum bringen «Warum»-Fragen bei jüngeren Kindern nichts? (72)

Der fünfjährige Gregor prügelt auf seinen dreijährigen Bruder Niklas ein. Niklas schreit auf. Die Mutter kommt ins Zimmer gestürzt. Sie sieht Gregor streng an: «Warum hast du das gemacht?» «Niklas hat angefangen!», antwortet er spontan. «Ich habe gefragt, warum hast du das gemacht?», insistiert die Mutter. Gregor zuckt mit den Schultern: «Darum!»

Wie verhalten Sie sich?

A. Sie nehmen sich Gregor und schauen ihn an: «Du erklärst es mir sofort! Keine Widerrede! Sofort!» Sie bleiben hart, bis er irgendeine Begründung liefert, die Sie zumindest halbwegs zufriedenstellt.

B. Sie schicken Gregor aus dem Zimmer mit den Worten: «Darüber reden wir später! Das gibt noch was! Darauf kannst du dich verlassen!» Worauf Gregor wutschnaubend und beleidigt den Raum verlässt, die Tür heftig zuknallt und meint: «Ist mir doch egal!» Sie sind ratlos: «Was kann ich da nur noch machen?»

C. Irgendwie, so spüren Sie, sind «Warum»-Fragen unsinnig. Sie ahnen, dass hinter den störenden Aktionen Ihres Sohnes eine Botschaft steckt, die Sie entschlüsseln müssen. Aber welche Alternativen hat man?

Antwort C weist auf eine sinnvolle Alternative

Kinder sind bis in die späte Grundschulzeit hinein bei der Beantwortung von «Warum»-Fragen häufig überfordert.

Es müssen deshalb Fragen entwickelt und vom Erwachsenen gestellt werden, die geeignet sind, das Ziel des Handelns aufzudecken. Ob das Kind sein Ziel in der Frage erkannt hat, kann man am «Wiedererkennungsreflex» ablesen. Dieser drückt sich in der Regel durch ein Lächeln, Schmunzeln, verlegenes Auflachen oder ein Augenzwinkern aus. Ältere Kinder sind schon zu erfahren und zu geschickt, um noch offen zuzugeben, dass sie Aufmerksamkeit erzielen oder ihre Überlegenheit zeigen wollen. Infolgedessen sagen sie entweder ‹Nein› auf elterliche Fragen, oder sie sitzen uns mit ausdrucksloser Miene gegenüber. Aber auch sie verraten sich durch ihre Körpersprache. Es kann sein, dass ihre Lippen zucken, ihre Augen aufblitzen oder der Lidschlag schneller wird, dass sie ihre Sitzhaltung ändern. Es bedarf einer sorgfältigen Beobachtung ihrer Körpersprache, um zu wissen, ob wir das richtige Ziel erraten haben.

Rudolf Dreikurs entwickelte eine spezielle Fragetechnik, um die Ziele im störenden Verhalten des Kindes aufzuzeigen. Jede Frage beginnt mit: «Könnte es sein, dass …»

So wäre zu fragen

- bei grenzüberschreitendem Verhalten, um «Aufmerksamkeit auf sich zu ziehen»: «Könnte es sein, dass du möchtest, dass ich mich mit dir beschäftige?»
- bei Machtkämpfen: «Könnte es sein, dass du der Tonangebende sein willst?»
- bei Rache- und Vergeltungsaktivitäten: «Könnte es sein, dass du mich verletzen willst?» Oder: «Könnte es sein, dass du mich bestrafen willst?»
- bei Hilflosigkeit: «Könnte es sein, dass du einfach keine Lust hast, etwas zu tun, ganz gleich, was es ist?»

Warum fährt mein Sohn so auf Pornos ab? (73)

Sie erfahren, dass Ihr zwölfjähriger Michael «Hardcore»-Pornos in einer Gruppe von Gleichaltrigen sieht und dass diese Pornos auch in der Schule getauscht und angeboten werden. Michael findet diese Pornos «cool» und nur «geil», sieht in den Filmen nichts «Abstoßendes» oder «Frauenfeindliches». Ich will das Thema auf einem Elternabend der Schulklasse ansprechen, worauf Ihr Sohn «ausflippt» und meint, damit würde er bloßgestellt, richtig lächerlich gemacht werden.

Wie verhalten Sie sich?

A. Sie ignorieren das Thema, weil Sie wissen, dass der Porno-Konsum eine entwicklungsbedingte Grenzüberschreitung bei Pubertierenden ist, eine Phase, die alsbald vorübergeht.

B. Sie lassen sich nicht beirren und sprechen die Angelegenheit sehr wohl auf einem Elternabend an, weil Sie sich Sorgen machen und der Auffassung sind, ein solches Thema müsse auf den Tisch.

C. Sie diskutieren den Porno-Konsum zunächst unter vier Augen mit Ihrem Sohn und entscheiden dann, ob Sie die Angelegenheit auf dem Elternabend vorbringen. Aber es kommt für Sie nicht in Frage, dieses Thema zu übergehen.

Ich plädiere zunächst für Antwort C, aber auch B ist möglich

Wenn Sie es für wichtig erachten, dass Sie das Thema auf einem Elternabend diskutieren möchten, dann tun Sie das – aber eher unter einer allgemeinen Perspektive, zum Beispiel, dass es in der Sexualerziehung immer auch um Werteerziehung geht, darum, die Bedürfnisse des anderen zu achten und zu respektieren. Die Freiheiten, die Pubertierende gegenwärtig beim Zugang zur Pornographie haben, wenn sie sich vor allem frauenverachtende Filme «reinziehen», können auch zu einer gefühlsmäßigen Verwahrlosung führen, zu Vorstellungen über Sexualität, die von Gewalt, Erniedrigung und Ausbeutung geprägt sind. Hier gilt es, Pubertierenden Normen und Werte zu vermitteln, soll heißen: Sexualität ist mit gegenseitiger Freude und Lust verbunden, hat mit Respekt und Achtung voreinander zu tun. Deshalb: Viel wichtiger als ein entsprechender thematischer Elternabend ist das persönliche Gespräch mit dem Sohn, in dem Eltern ihre Kritik an den Pornos, aber auch ihre Vorstellungen zur Sexualerziehung darlegen. Das baut auf Werten und Normen auf, die mittel- und langfristig den Heranwachsenden gegen die Einflüsse von Hardcore-Pornos immunisieren.

Warum überschreitet mein Kind ununterbrochen Grenzen? (74)

Alex, sechs Jahre, ist aus der Sicht seiner Eltern ein «Banause», der, so sein Vater, «ständig, aber auch ständig Grenzen austestet!». Er schaut seine Frau an: «Wir wissen dann nicht mehr weiter!» Man würde mit ihm reden, er zeige sich einsichtig, aber nach kurzer Zeit mache er weiter wie gehabt. Es wäre «zum Kotzen», so der sichtlich genervte Vater.

Wie verhalten Sie sich?

A. Sie überprüfen, ob die Regeln für Ihren Sohn wirklich klar sind. Vielleicht haben Sie sie unverbindlich formuliert.

B. Wenn Ihr Sohn nicht spurt, muss er die Folgen seines Tuns spüren. Wo kommt man denn dahin, wenn man Grenzüberschreitungen toleriert? Nein, so etwas ist mit Ihnen nicht zu machen!

C. Man muss da einfach auch Nachsicht haben. Wo sind wir denn? Es ist doch normal, wenn Kinder Regeln verletzen, und muss man denn sofort den «Knüppel aus dem Sack» holen, wenn Kinder Grenzen überschreiten?

Antwort A macht klar: Manchmal wissen Kinder nicht um Regeln und Absprachen

Provokative Grenzüberschreitungen, willentlicher Ungehorsam weisen häufig auf fehlende Regeln und Grenzen in der Erziehungsbeziehung hin:

– Häufig sind Regeln und Grenzen unklar und uneindeutig formuliert. Kinder wollen wissen, was sie in bestimmten Situationen dürfen und was nicht. Oder Regeln und Grenzen existieren bloß unausgesprochen-verdeckt. Um sie aufzudecken, testen Kinder Situationen aus. Sie machen so lange weiter, bis man ihnen Einhalt gebietet.

– Eltern und andere Erziehende sprechen eigene Grenzen nicht an, argumentieren auf der «Man-Ebene»: «Man macht das nicht!» Da Kinder aus Beobachtungen lernen, sollten Eltern Störungen und eigene Gefühle auf der «Ich-Ebene» ansprechen: «Ich mag das nicht!» – «Ich ärgere mich!» – «Ich fühle mich gestört!» Dadurch entstehen persönliche Grenzen, an denen sich Kinder reiben und orientieren können. Zugleich erleichtern «Ich-Botschaften», zwischen der Kritik an der Sache und der Kritik an der Person zu unterscheiden.

– Nicht fest artikulierte Grenzsetzungen – z.B. «Wir wollen ruhig sein» – machen Kinder ebenso taub wie häufige Wiederholungen: «Das habe ich dir schon hundertmal gesagt!» Zur Grenzsetzung gehört Festigkeit in Körperhaltung und Stimme. Kinder brauchen das Gefühl, die Ziehung von Grenzen sei ernst gemeint.

Was habe ich nur falsch gemacht, wenn mein Kind wieder in die Hose macht? (75)

Patrick, sechs Jahre, war trocken und nässt seit einigen Monaten wieder ein. Er hat einen jüngeren Bruder, Manuel, drei Jahre, der sehr krank war und starker elterlicher Zuwendung bedurfte. Patrick war, wie die Eltern erzählten, die ganze Zeit sehr «vernünftig», ein pflegeleichtes Kind. «Wir haben uns schon immer gedacht, wie der das nur macht. Doch nun nässt er verstärkt ein, tagsüber, aber auch in der Nacht.»

Johanna, fünf Jahre, ist vor einem Jahr aus der Stadt auf das Dorf umgezogen. Sie musste ihre Freundinnen zurücklassen, besucht nun einen anderen Kindergarten, der ihr fremd vorkommt. Ein halbes Jahr nach dem Ortswechsel fing sie wieder mit dem Einnässen an, spielte und sprach wie ein kleines, unselbständiges Kind, das nach Geborgenheit suchte.

Wie verhalten Sie sich?

A. Das darf doch nicht wahr sein! Sie erinnern den Sohn bzw. die Tochter daran, beide wären schon groß, nur Babys würden noch «in die Hose machen».

B. Sie suchen sich eine fachkundige Beratung, weil Sie mit der Situation überhaupt nicht umgehen können.

C. Es ist Ihnen alles peinlich, deshalb machen Sie nichts, verbunden mit der Hoffnung, das «Einnässen» würde schnellstmöglich vorübergehen.

Man muss bei Kindern das primäre vom sekundären Einnässen unterscheiden.

Vom sekundären Einnässen spricht man, wenn das Kind länger als sechs Monate trocken war. Die Auslöser für den Rückfall, für Verhaltensregressionen können vielfältig sein: angefangen bei der Geburt eines Geschwisterkindes über einen Umzug, den Schulstart bis hin zum Tod eines Familienmitgliedes oder der Trennung der Eltern.

Der Arzt Alexander von Gontard weist darauf hin, dass diese äußeren Anlässe nicht die Ursachen, vielmehr nur die Auslöser darstellen. Denn auch beim sekundären Einnässen spielen Erbfaktoren eine gewichtige Rolle. Die betroffenen Kinder neigen dazu, bei psychischen Belastungen mit Wiedereinnässen zu reagieren.

Beim sekundären Einnässen sind therapeutische Eingriffe unumgänglich, die sich mit der auslösenden Situation beschäftigen:

- Patricks Eltern wurde in der Beratung ein Ritual vorgeschlagen, das nur ihm und den Eltern gehörte: Sie sollten mit ihm kuscheln, während sie eine Geschichte vorlasen; ein Ritual, das ihm zeigte, wie sehr die Eltern sich seiner annahmen und dass sie ihn – bei aller Sorge um das jüngere Geschwisterkind – nicht vergaßen.
- Johanna hatte von den Kindern im alten Kindergarten keinen Abschied nehmen können, weil der Umzug ganz plötzlich kam. Und so war sie – im wahrsten Sinne des Wortes – im neuen Kindergarten nicht angekommen. Sie «fremdelte» und fand keinen Kontakt. Als man Johanna rückwirkend ein Ritual anbot, in dem sie sich von ihrer gewohnte Umgebung verabschieden konnte, vermochte sie es, ihre neue Umgebung anzunehmen.

Wie bringt man Kindern bei, dass sie einem mal zuhören? (76)

Sie lege sehr viel Wert auf eine gemeinsame Mahlzeit, erzählt Patrizia Arnold, Mutter von drei Jungen. Aber es wäre einfach schrecklich. Jeder wolle als Erster reden, und alle sprächen durcheinander. Nur der, der am lautesten schreien würde, hätte eine Chance, sich Gehör zu verschaffen. Am liebsten würde sie Mahlzeiten abschaffen, weil das, was sie sich erhofft und gewünscht habe, nicht funktionieren würde.

Wie verhalten Sie sich?

A. Sie halten an der gemeinsamen Mahlzeit fest, überlegen sich, wie aus dem ungeordneten Chaos ein überschaubares wird. Ihnen wird da schon noch etwas Praktisches einfallen.

B. Ich überfordere meine Kinder mit meinen Vorstellungen und halte nicht länger an meinen Wunschvorstellungen fest. Wenn meine Kinder älter sind, dann kann ich sie immer noch an Rituale gewöhnen.

C. Dann sollen sich die Kinder doch beim Essen fetzen. Hauptsache, wir sind zusammen. Die Gemeinsamkeit geht mir über alles. Und das kann ich als Mutter auch schon aushalten.

Das Essen darf kein Dressurakt sein. Gleichwohl stellt der Familientisch einen sozialen Ort dar, an dem Rücksichtnahme und Gesprächskultur erlernt werden.

Dazu einige Tipps, damit nicht automatisch die Person mit der lautesten Stimme gewinnt:

- Benutzen Sie einen Sprechstein. Wer den in der Hand hält, darf reden.
- Lassen Sie sich zu Beginn der Mahlzeit von den Erlebnissen aus Kindergarten und Schule berichten. Sie finden sonst kein Gehör!
- Fragen Sie Ihre Kinder nicht aus! Warten Sie ab, bis die Kinder anfangen, von sich aus zu erzählen. Sie können Ihre Anteilnahme anders zeigen als durch Formulierungen wie: «Wie war's heute in der Schule?», «Welche Hausaufgaben hast du?». So etwas empfinden Kinder als Inquisition.
- Wenn Kinder nichts erzählen, dann beginnen Sie ein Gespräch. Auch Eltern können von ihrem Alltag berichten. Und wenn das keine Vorträge sind, in denen man Lehren für das Leben erteilt, hören Kinder gerne zu. Sollten Sie Wichtiges mit Ihrem Partner zu besprechen haben, dann könne Sie das auf die Zeit nach dem Essen verschieben.
- Vor allem: Problematisieren Sie das Essverhalten Ihrer Kinder nicht permanent. Achten Sie nicht andauernd darauf, was Ihr Kind isst oder nicht. Dadurch bekommt das Essen eine Wichtigkeit, die es nicht verdient.

Schulverweigerung:
Wie reagiert man, wenn Kinder die Schule schwänzen? (77)

Torben, dreizehn Jahre, stromert seit einiger Zeit mit seinem gleichaltrigen Freund Arne während der Schulzeit durch die Straßen. Wenn sie gefragt werden, ob sie nicht Unterricht hätten, antworten sie: «Wir haben Projektunterricht und müssen eine Aufgabe lösen!» In der Schule haben sich beide abgemeldet: Arzttermine! Erst nach einigen Wochen fliegt alles auf, als ein Lehrer sich bei Torbens Eltern nach seiner Krankheit erkundigt.

«Die wollen nur einen guten Schüler aus mir mache», so Björn, sechzehn Jahre. «Die stecken mir von vorn und hinten alles rein. Nachhilfe und so. Alles. Aber ich lasse sie auflaufen. Gehe nur unregelmäßig zur Schule. Schreib mir die Entschuldigung selber.»

Wie verhalten Sie sich?

A. Ich bin sehr schockiert, geradezu handlungsunfähig. Deshalb werde ich mir professionelle Hilfe holen, um nach den Motiven zu schauen, die hinter der Schulverweigerung stehen. Erst dann kann ich angemessen pädagogisch handeln. Schnellschüsse bringen jetzt nichts.

B. Da müssen jetzt schnell Konsequenzen her. So etwas darf man – egal, welche Ursachen dahinterstecken – nicht durchgehen lassen. Bei allem Verständnis für die Hintergründe, solch ein Verhalten ist nicht zu tolerieren.

C. Wir haben früher auch mal die Schule «geschwänzt». Die Sache sollte man nicht zu hoch kochen. Klar müssen die bestraft werden. Aber man sollte nicht allzu viel Aufhebens darum machen.

Ständiges Schuleschwänzen ist ein komplexes Thema. Hier kann fachkundige Beratung helfen, deshalb A

Die Motive für das Schuleschwänzen sind vielfältig. Vier Rahmenbedingungen lassen sich allerdings unterscheiden:

– Das «Schwänzen» als bewusste Grenzverletzung, um auszutesten, wie weit man gehen kann. Diese Handlungsmuster finden sich häufig in der ersten Phase der Pubertät (etwa bis zum dreizehnten Lebensjahr).

– Häufig hat die Schulverweigerung mit häuslichen Problemen zu tun oder anders formuliert: Die Regelüberschreitung stellt einen unbewussten Hilferuf dar. Es soll auf eine problematische Lebenssituation aufmerksam gemacht werden. Dieser Schulverweigerung liegt eine krisenhafte emotionale Grundsituation zugrunde.

– Wenn sich Heranwachsende vernachlässigt und Kälte in der Beziehung zu ihren Eltern fühlen, wenn sie spüren, dass sich ihre Bezugspersonen von ihnen zurückziehen, dann kann es sein, dass sie durch das Schuleschwänzen auf ihre gefühlsmäßig bedrohliche Situation aufmerksam machen wollen.

– Hinter der Schulverweigerung kann auch Versagensangst stecken. Viele Pubertierende spüren, dass sie den Erwartungen ihrer Eltern nicht entsprechen. Das Schuleschwänzen verdeutlicht zudem einen Aspekt, der bei der Diskussion über Gewalt an Schulen übersehen wird: Die Zahl der Schüler und Schülerinnen, die mit nach innen gerichteten Aggressionen, die mit Kopfschmerzen, mit Magenproblemen, die mit Schwindelanfällen, mit Herzklopfen und Nervosität die Schule besuchen, übersteigt jene Schüler und Schülerinnen bei weitem, die Zielscheibe verbaler und körperlicher Gewalt werden – von jenen, die Gewalt ausüben, ganz zu schweigen.

Warum lernt meine dreijährige Tochter nicht aus schmerzhaften Erfahrungen? (78)

Sabrina, drei Jahre, will mit einer geradezu trügerischen Sicherheit auf die noch heiße Herdplatte fassen. Das hat sie schon mehrere Male gemacht, sich verbrannt, aber sie scheint nichts dazugelernt zu haben.

Wie verhalten Sie sich?

A. Sie sagen kurz: «Nein!», ziehen die Hand Ihrer Tochter mit den Worten «Das ist heiß!» weg.

B. Sie erklären ihr, dass es sehr wehtut, würde sie die Herdplatte anfassen, und schicken sie vom Herd weg.

C. Einmal muss sie es verstehen. Deshalb tun Sie nichts. Sie wird es schon merken, wenn es ihr zu heiß wird!

Antwort A ist pädagogisch nicht wertvoll, hilft aber genauso wie B

Es gibt Situationen, in denen man das Setzen von Grenzen nicht durch langatmige Erklärungen aufweichen darf, in denen vielmehr ein kurzes «Nein!» als Ausdruck von «Ich will das nicht!» reicht. Wenn ein Kind spürt, es schmerzt, wenn es in eine brennende Kerze fasst, es bringt Lebensgefahr mit sich, auf eine vielbefahrene Straße zu laufen, oder es zieht eine Überschwemmung des Tisches nach sich, mit einem gefüllten Teller zu balancieren; wenn die gesamte Situation also eindeutig ist, das Kind aufgrund von Vorauserfahrung darum weiß, dann kann ein «Nein!» angebracht sein, das frei von Zorn, Verachtung und Respektlosigkeit ist, mithin eingebettet in eine Atmosphäre, die Achtung und Respekt gestattet.

Das «Nein!» stellt jedoch *eine Ausnahme* im pädagogischen Handeln dar, es ist nicht die Regel. Wird das «Nein!» zur Gewohnheit, nutzt es sich ab: Es gestattet nämlich keinen veränderten Blickwinkel. Allerdings kann es spezifische Kontroversen für eine kurze Zeit beenden.

Das «Nein!» stellt einen pädagogischen Eingriff dar, der an eine konkrete Situation gebunden ist. Er verändert – ich betone! – nicht das störende Verhalten, er weist keine Handlungsalternativen auf. Aber dieser Eingriff verschafft vorerst Luft. Wenn dieses «Nein!» nicht abstumpfen, gar in einen Machtkampf umschlagen soll, dann ist es unverzichtbar, dem Kind hinterher – quasi in einer zweiten Phase der Problemlösung – das eigene Handeln *kurz* zu erläutern, um Verständnis für sein Tun zu bitten oder dem Kind Handlungsalternativen anzubieten.

Lügengeschichten:
Was bedeutet es, wenn mein Kind
die ständig erzählt? (79)

Die vierjährige Mareike «lügt», so die Mutter, «dass sich die Balken biegen. Und das Schlimme», so ihre Mutter kopfschüttelnd, «sie ist sich ihrer Lügen nicht bewusst. Sie glaubt selber dran!» Unglaublich sei das!

Wie verhalten Sie sich?

A. Sie ignorieren das Lügen Ihrer Kinder, weil Ihnen das verdammt peinlich ist, hoffen, dass das Verhalten irgendwann verschwindet.

B. Sie spüren, das Kind will mit dem Lügen Grenzen austesten. Sie machen das Kind durch ein Gespräch, darauf aufmerksam, dass Sie die Grenzverletzung bemerkt haben.

C. Sie empfinden die «Lügerei» als «unmöglich», als «beschämend» und strafen Ihre Kinder bei jenen Dingen, die ihnen besonders am Herzen liegen (z.B. Fernseh- oder Computerverbot). Sie sind nicht zu Kompromissen bereit: Besser jetzt den Riegel vorschieben, als später das Kind hinter Schloss und Riegel zu besuchen.

In Antwort B steckt weise Gelassenheit

In jeder Entwicklungsstufe des Kindes hat das Lügen eine spezifische Bedeutung. Dabei kann man vier Phasen unterscheiden: Vom dritten Lebensjahr an (*Phase 1*) fangen viele Kinder an zu lügen, vermischen Phantasie und Realität, testen aber auch Grenzen aus, um zu sehen, wie weit sie gehen können. Sie wollen erfahren, was «richtig» oder «falsch» ist. Für Eltern ist es in dieser Phase bedeutsam, die Lüge aufzudecken – aber jedwede Strafe, jedes Anschreien, jeden Zornesausbruch oder umgekehrt jede Weinerlichkeit («Das macht mich traurig!», «Das hätte ich von dir nicht gedacht!») zu vermeiden. Die zentrale erzieherische Grundhaltung ist: In Kontakt zu bleiben, dem Kind die Folgen seines Tuns zu veranschaulichen.

Zwischen dem fünften und sechsten Lebensjahr (*Phase 2*) sowie dem sechsten bis achten Lebensjahr (*Phase 3*) werden Lügen eingesetzt, um Grenzen auszutesten, zu erkunden, wie weit man mit seinen Geschichten gehen kann. Die Kinder werden häufig mit treuherzigem Augenaufschlag bekunden, nur die Wahrheit zu sagen – «Ehrlich! Du kannst mir das glauben!»

Das Lügen vom neunten Lebensjahr an (*Phase 4*) hat eine völlig andere Dimension. Jetzt verbergen sich hinter ihrem Lügen andere Symptome, z. B.:

– um die Anerkennung in einer Gruppe Gleichaltriger zu bekommen;
– um den Eltern nicht zu missfallen, um vom verbotenen Handeln und Tun vordergründig und kurzfristig abzulenken oder um damit auf eine sie sehr bedrängende emotionale Situation hinzuweisen. In diesem Alter sind Lügen nicht selten auch ein Hilferuf.

Ein Kind, das lügt, braucht die Nähe der Eltern. Deshalb ist es so wichtig, dass man mit dem Kind in Kontakt bleibt.

Warum behandelt uns unsere pubertierende Tochter wie den letzten Dreck? (80)

Nina, elf Jahre, behandelt ihre Eltern «wie den letzten Dreck». Wenn sie etwas nicht bekomme, dann schlage sie schon mal heftig zu, so berichten es die Eltern. Das geschehe ansatzlos, und – zack!, zack! – habe man einen Boxhieb bekommen. «Und dann die Ausdrucksweise mir gegenüber. ‹Blödes Arschloch!› ist noch einigermaßen nett. Häufig bin ich für meine Tochter einfach nur eine Nutte oder eine verfickte Hure!»

Wie verhalten Sie sich?

A. Sie bestrafen Ihre Tochter nach dem Motto: Auge um Auge, Zahn um Zahn! Sie lassen sich das Verhalten nicht gefallen, setzen massive Verbote ein, um ein gewünschtes Verhalten zu erzwingen.

B. Sie ignorieren die verbalen Beleidigungen, weil Sie der Auffassung sind, Ihre Tochter müsse diese Phase ausleben. Irgendwann würde sich schon alles beruhigen.

C. Diese Grenzverletzungen kann ich nicht ignorieren! Eltern haben ebenso wie das Kind ein Recht auf physische und psychische Unversehrtheit. Dies machen Sie Ihrer Tochter nach einer Auseinandersetzung, wenn Ruhe eingekehrt ist, unmissverständlich klar: «Ich fühle mich durch diese Worte verletzt!»

Antwort C fordert Respekt ein

Manche Eltern, Erzieherinnen und Lehrerinnen sind besorgt und unsicher über die – ihrer Meinung nach – zunehmende sprachliche, aber natürlich auch personale Gewalt gegenüber anderen. Es ist viel von fehlendem Respekt und fehlender Achtung die Rede. Die geschilderte Situation weist auf zusätzliche Gesichtspunkte im Umgang mit verbalen und körperlichen Grenzüberschreitungen hin:

– Grenzüberschreitungen thematisieren unklare Erziehungsbeziehungen. Kinder prüfen durch Versuch und Irrtum, wie weit sie gehen können, wann die Grenze der Belastbarkeit in zwischenmenschlichen Beziehungen erreicht ist.

– Wenn über verbale Aggressionen die Erziehungsbeziehung berührt wird, muss man sofort handeln. Wer persönliche Beleidigungen kommentarlos hinnimmt, verstärkt diese. Ignorieren, Überhören mögen beim spielerischen Umgang mit Grenzüberschreitungen *ein* Mittel im pädagogischen Prozess darstellen. Bei entwürdigenden Beleidigungen werden sie als Gleichgültigkeit gedeutet, als Aufforderung weiterzumachen.

– Aus lerntheoretischen Untersuchungen ist bekannt, dass die Bereitschaft, andere Menschen zu verletzen, zu zerstören und zu töten, dann gegeben ist, wenn das Opfer *vor* der Tat entwürdigt wird.

Wenn Erziehende ihrer Entwürdigung im pädagogischen Prozess nicht Einhalt gebieten, dieser nicht sofort begegnen, tragen sie – sicher ungewollt – zu einer Verstärkung der Aggressionen gegen Sachen und Personen bei. Sie erleichtern es Kindern, Zerstörungswut – egal ob in Wort oder Tat – ungehemmt auszuleben, und leisten damit ungewollt einen Beitrag zur Missachtung der eigenen Person.

Wie holt man Kinder aus ihrem Spiel, ohne dass sie gleich ausflippen? (81)

Paul, knapp drei Jahre, spielt mit seinen Bauklötzen. Er konstruiert einen Turm, der aber nach dem vierten Teil ständig in sich zusammenbricht. Da schaut seine Mutter ins Zimmer: «Paul, wir müssen gehen. Sonst kommen wir zu spät!» «Gleich», antwortet Paul, ohne aufzusehen. «Paul, bitte!», drängelt die Mutter. «Ja doch, gleich!» Paul klingt genervt. Sie verlässt den Raum.

Paul startet einen neuen Versuch. Ganz vorsichtig setzt er die Klötze aufeinander.

Da reißt die Mutter die Tür auf: «So, nun ist Schluss mit der Spielerei.» Paul erschrickt, stößt mit dem letzten Klotz ungeschickt gegen die anderen. Der Turm fällt in sich zusammen. Sie will ihren Sohn wegziehen, doch der schmeißt sich zu Boden, macht sich stocksteif. Als die Mutter etwas fester zupackt, nimmt Paul seine Klötze, wirft sie nach ihr, noch blind vor Wut trifft er sie nicht.

Wie verhalten Sie sich?

A. Auch jüngere Kinder müssen sich an Absprachen halten, nur überfordert man sie, wenn man sie aus Tätigkeiten herausreißt. Deshalb sollte man Spielunterbrechungen vorher ankündigen.

B. Man verzichtet auf den anstehenden Termin. Pauls Spiel ist wichtiger. Und außerdem hat man völlig unangemessen reagiert. Schließlich will man als Mutter oder Vater ja auch nicht aus einem Spiel gerissen werden.

C. Paul muss lernen, dass es nicht nur Zeit zum Spielen gibt. Davon hat er genug. Man hat ihm ein paar Mal gesagt, mit dem Spiel aufzuhören, weil man gleich losmüsse. Und nun hat er gefälligst zu folgen. Der andere Termin wartet ja auch nicht.

Antwort A enthält angemessene Überlegungen

Das Kind wird sich im Trotzalter nicht nur seiner motorischen und intellektuellen Fähigkeiten bewusst und will diese anwenden, es will zugleich mitbestimmen – nicht über einen Sachverhalt als vielmehr über den Zeitpunkt, an dem eine Aktion geschieht.

So stecken hinter vielen Auseinandersetzungen im Trotzalter nicht Inhalte – sei es das Zähneputzen, das Zubettgehen oder die Spielunterbrechung –, es geht vielmehr um das «Wann». Kinder möchten mitreden, wollen nicht über sich bestimmen lassen, sondern fordern – manchmal lautstark, manchmal leise, aber stets beharrlich – Mitsprache ein.

Man sollte Kinder im Trotzalter nicht aus Tätigkeiten reißen, sondern anschaulich ankündigen, wann die Aktivitäten zu beenden sind. Um dies an der Situation zu verdeutlichen:

Bei Paul entspannte sich der Konflikt dadurch, dass die Mutter ihm eine Sanduhr ins Zimmer stellte: «Wenn der Sand durchgelaufen ist, dann möchte ich gehen!» So kamen alle Beteiligten zu ihrem Recht: Pauls Mutter konnte die Termine einhalten, Paul sein Spiel beenden. In der Sanduhr war die abstrakte Zeit auf einen konkreten Begriff gebracht. Damit konnte Paul besser umgehen als mit abstrakten Formulierungen wie «gleich» oder «bald». Kinder im Trotzalter brauchen genaue Ankündigungen, wann eine Aktivität zu beenden ist und eine neue anfängt. Sie wollen sich ernst genommen fühlen.

Darf man sich vor Kindern streiten? (82)

Michael und Petra Albers streiten gerne – und vertragen sich aber genauso schnell. Sie nehmen kein Blatt vor den Mund, selbst wenn die Kinder anwesend sind. Manchmal ist der Streit schon heftig, und Petra Albers beobachtet, wie die Kinder mit einer Mischung aus Verwunderung und Verunsicherung den Auseinandersetzungen folgen. «Ich denke mir schon», so der Vater mit nachdenklicher Miene, «ob wir die Kinder nicht überfordern.»

Wie verhalten Sie sich?

A. Man kann sich schon vor den Kindern streiten. Streiten gehört zum Leben, aber die Konfliktlösung, die Versöhnung, beides gehört genauso dazu.

B. Man darf sich auf keinen Fall vor den Kindern streiten. Dann muss man den Ärger eben hinunterschlucken, schließlich ist man erwachsen und kann seine Frustrationen auch mal aushalten.

C. Streiten ist wichtig, aber damit kann man warten, bis die Kinder im Bett sind, die müssen ja nicht alles mitbekommen.

Zum Leben gehört der Streit, aber auch die Versöhnung, deshalb A

Streit gehört zum Alltag in einer Familie. Deshalb gehört auch eine Streitkultur, gehören Streitrituale zu einem zwischenmenschlichen Miteinander, das von gegenseitiger Achtung und beiderseitigem Respekt geprägt ist. Kinder können von Eltern lernen, wie man sich streitet, ohne sich psychisch oder verbal zu verletzen. Aber Kinder müssen auch erfahren, wie man sich am Ende wieder verträgt. Nur sollte man bestimmte Themen nicht vor den Kindern ausbreiten: finanzielle Probleme, materielle Sorgen, uneinige Erziehungsauffassungen oder partnerschaftliche Konflikte (z.B. emotionale oder sexuelle Differenzen).

Hinter dem Streit stehen nicht selten elterliche Meinungsverschiedenheiten über Erziehung. Kinder können diese aushalten, wenn ihnen die Positionen klar sind und sie versöhnliche Konfliktlösungen erleben. Ist man mit der Erziehungshaltung des Partners oder der Partnerin nicht einverstanden, kann man das in einer ruhigen Minute im Nachhinein diskutieren. Auseinandersetzungen in der konkreten Situation führen meist nur zu Schuldzuweisungen oder ergebnislosen Rechtfertigungen.

Unterschiedliche Erziehungsstile können auf der Grundlage von gemeinsamen verbindlichen Grundprinzipien in der Erziehung (z.B. Partnerschaftlichkeit, klare Grenzen, Festigkeit, Achtung, angemessenes Verhältnis von Nähe und Distanz) umgesetzt werden.

Während das Nebeneinander von unterschiedlichen Erziehungsstilen durchaus produktiv sein kann, deutet elterliche Uneinigkeit in der Kindererziehung nicht selten auf ernsthafte partnerschaftliche Probleme hin. Eine derartige Uneinigkeit ist meist schon frühzeitig spürbar, wird aber häufig unter der Decke gehalten. So wird das Problem nicht sichtbar, gleichwohl spürt man es atmosphärisch, kommt es häufig zum unerquicklichen Streit, unter dem alle Beteiligten mehr oder minder leiden.

Ob es Opa im Himmel gutgeht, fragt mein Sohn. Wie gehe ich mit einer solchen Frage um? (83)

Benni, viereinhalb Jahre, kennt mich aus vielen Besuchen im Kindergarten. Er kommt eines Tages auf mich zu, zupft mich am Ärmel. Ich gehe in die Hocke.

«Du», sagt er mit leiser Stimme, «du, mein Opa ist tot.»

Kurze Pause, dann ein fragender Blick: «Du?» Er fasst mich am Arm: «Du? Glaubst du, dass es ihm im Himmel gutgeht?»

Wie verhalten Sie sich?

A. Sie erklären ihm, dass es ihm gutgehen würde. Im Himmel wäre es einfach schön.

B. Sie überhören die Frage, weil Sie keine Antwort wissen. Sie wissen, Ihr Sohn wird nochmal fragen. Dann haben Sie eine wohlüberlegte Antwort parat.

C. Sie fragen zurück: «Was meinst du, geht's Opa im Himmel gut?»

Mit Antwort C ist man ganz nah beim Kind und dessen Phantasie

Unabhängig von realen Anlässen, zum Beispiel einem Todesfall in der näheren Umgebung, fragen Kinder zwischen dem vierten und fünften Lebensjahr nach dem Tod. Und dieses Interesse weist auf Reifeschritte des Kindes hin.

Der Tod bedeutet bis zum sechsten, siebten Lebensjahr nicht das absolute Ende. Kinder begreifen noch nicht das ganze Ausmaß des Todes. Deshalb fragen sie zunächst ohne Angst und erhalten – paradox – angstbesetzte Antworten von Erwachsenen.

Kinder bringen Tod bis zum sechsten, siebten Lebensjahr mit hohem Alter, dem Gefühl des Alleinseins in Zusammenhang, binden ihre Todesvorstellung an Symbole oder Situationen: den schwarzen Mann, die Dunkelheit, die Nacht, eine Krankheit, eine Verletzung oder den Schmerz.

Fragen nach Tod und Trauer, nach Gott und Himmel sind für Kinder normal. Erwachsene sind mit den Antworten deshalb häufig überfordert, weil solche Fragen an Verdrängtes, Verleugnetes rühren. Klare und wahrhaftige Auskünfte sind notwendig. Doch genauso bedeutsam ist die emotionale und körperliche Nähe, in der diese Gespräche stattfinden. Solche Nähe bewahrt nicht vor Schmerz und Trauer, aber er bietet einen Rahmen, um in Schmerz und Trauer nicht allein zu sein.

Das Thema Tod ist erst dann von Eltern und Pädagogen aufzugreifen, wenn Kinder danach fragen. Wenn Fragen gestellt werden, sollen Erwachsene genau zuhören, auf das achten, was das Kind wissen will. Fühlt man sich unsicher, sind geschickte und einfache Rückfragen angezeigt, z. B.: «Was meinst du, geht es ihm gut?»

Können Kinder den Tod des Vaters verarbeiten? Wie kann ich sie unterstützen? (84)

Ronald, zwölf Jahre alt, hat seinen Vater, dem er gefühlsmäßig sehr verbunden war, ganz plötzlich verloren. Ronalds Vater, ein strotzender, mit beiden Beinen im Leben stehender Mensch, ist an einem Herzinfarkt verstorben. Ronald lehnt seine Mutter mit einem Male komplett ab, beschimpft sie, verflucht sie: «Schade, dass du lebst und Papa gestorben ist!»

Wie verhalten Sie sich?

A. Sie sind mit Ihrer eigenen Trauer so beschäftigt, dass Sie von den Vorwürfen Ihres Sohnes nicht weiter berührt werden.

B. Sie deuten das Verhalten Ihres Sohnes als den Versuch, seine Trauer zu verarbeiten. Sie stellen eine Projektionsfläche für die tiefen Gefühle Ihres Sohnes dar. Sie spüren, Ihr Sohn will Ihnen nicht wehtun.

C. Sie sind sehr verletzt durch die Reaktionen Ihres Sohnes, können mit seinen Vorwürfen überhaupt nicht umgehen und sagen ihm das auch: «Du bist ungerecht zu mir. Das habe ich so nicht verdient. Du verletzt mich!»

Antwort B setzt eine starke Persönlichkeit voraus

Obgleich jede Bewältigung von Trauer und Tod einzigartig und individuell ist, kann man doch einige Phasen der Verarbeitung unterscheiden:

- Es gibt die Phase des Nicht-wahrhaben-Wollens. Das Kind weigert sich zu glauben, jemand sei gestorben. Es geht der Auseinandersetzung aus dem Weg, zeigt damit aber auch, dass es mit dem Schmerz noch nicht fertigwird, sich überfordert fühlt. Es existiert eine Vielzahl von Abwehrmechanismen: Manche Kinder reagieren auf den Tod mit einer Umkehr der Gefühle. Sie sind fröhlich, ungeheuer in Bewegung, ihnen fällt ständig etwas ein. Andere Kinder brechen bei geringsten Anlässen und Stresssituationen in Wut und Wehklagen aus oder fallen körperlich zusammen. Und dann gibt es Kinder, die reden nicht über den Tod, sparen dieses Thema aus oder schneiden ein anderes an, wenn das Gespräch darauf kommt. Wieder andere Kinder reagieren mit Lernhemmungen, chronischen Krankheiten. Als Abwehrmechanismen kann man auch Verhaltensregressionen beobachten.

- In einer weiteren Trauerphase idealisieren Kinder den verstorbenen Menschen. Alles, was an den Toten erinnert, wird wichtig. Gegenstände erinnern an den Toten. Sie rufen schöne Stunden der Gemeinsamkeit wach. Gerade bei jüngeren Kindern kann es zu starken Verschmelzungswünschen mit der verstorbenen Person kommen: Sie wollen ihre Sachen anziehen, ihren Beruf ergreifen. Zweifelsohne besteht in dieser Phase bei Kindern mit noch nicht gefestigter Identität die Gefahr, dass die Entwicklung des eigenen Ichs gehemmt wird.

- Auch wenn es nicht einfach ist, bleiben Sie in Kontakt zum Kind. Sollten Sie überfordert sein, suchen Sie einen professionellen Begleiter für sich und für das Kind.

Was findet meine Tochter nur an diesen Popstars? (85)

«Ich meine», lacht Sybille Freund, Mutter der 14-jährigen Patricia, «ich hatte ja auch meinen Bravo-Phase, diese Poster.» Sie wiegt ihren Kopf hin und her: «Mensch, was war ich in Pierre Brice verknallt, wie habe ich den angehimmelt.» Die Mutter blickt mich erschrocken an: «Aber Patricia!» Sie hält sich erschrocken den Mund zu: «Aber Patricia! Sagt die doch zu mir, sie würde niemals einen anderen lieben als Bill, diesen Sänger von Tokio Hotel.» Sie überlegt: «Da mache ich mir schon meine Gedanken, was ich nur falsch gemacht habe! Oder soll ich sie ernst nehmen, mit ihr darüber sprechen, um ihr die Flausen auszureden?»

Wie verhalten Sie sich?

A. Sie ignorieren dieses pubertäre «Gehabe», nehmen das alles nicht ernst, können sich aber zugleich nicht zurückhalten, sich über Ihre Tochter lustig zu machen, über diese «unsterblichen» Liebe Ihrer Tochter.

B. Sie suchen das Gespräch mit Ihrer Tochter, hören ihr zu und reden zugleich über die eigenen innigen Gefühle, als Sie in der Pubertät waren, über Ihre Stars und Sternchen, die Sie angehimmelt haben – oder noch immer anhimmeln. Ihre Tochter erfährt viel von Ihnen und Sie von Ihrer Tochter.

C. Sie machen sich Sorgen, wie schnell Pubertierende doch in einen medialen Sog kommen, aus dem sie sich nicht mehr aus eigener Kraft befreien können. Sie wissen: Ihre Tochter braucht jetzt Halt, und den wollen Sie ihr geben, damit Bill ihr unwichtig wird.

Antwort B fördert das Gespräch zwischen den Generationen

Bill, der Sänger von Tokio Hotel, ist – wie viele andere Sänger und Sängerinnen auch – ein charismatischer Typ: Er sieht unverschämt gut aus, singt ansprechend, hat kluge Gedanken – kurz: Er drückt das Lebensgefühl von vielen – vorwiegend weiblichen – Pubertierenden aus, in ihm kann man seine Träume, Sehnsüchte, seine Phantasien hineinlegen, und dies völlig gefahrlos: Bill ist weit weg, unerreichbar. Und dies steigert seine Attraktivität ins Unermessliche. Man ist eine Zeit lang unsterblich, ja fürchterlich verliebt – so lange, bis ein realer Bill oder wie er heißen mag, um die Ecke biegt und die virtuell-mediale Lichtgestalt urplötzlich die Faszination verliert. Mein Tipp: Nehmen Sie Ihre Tochter ernst, vor allem die Gefühle, die mit Bill zusammenhängen! Belächeln Sie nicht die Emotionen Ihrer Tochter! Reden Sie nicht mit Ihrer Tochter, sondern hören Sie ihr vielmehr zu! Sie erfahren sehr viel über deren Befindlichkeit. Und wenn Sie unbedingt reden wollen, reden Sie über sich, darüber, in wen Sie sich einst unsterblich verknallt haben, als Sie so alt wie Ihre Tochter waren.

Urlaubsstress:
Wie kann ich verhindern, dass sich der aufbaut? (86)

«Ich würde im Urlaub schon sehr vieles anders machen», erzählt mir Karin Jäger, die Mutter von drei Kindern, «aber das artet dann auch schnell wieder in Stress aus!» «Genau!», assistiert ihr Mann. «Ich will, was ich über Monate mit meinen Kindern versäumt habe, in drei Wochen nachholen. Aber schon nach kurzer Zeit gibt es Stress in der Familie. Dabei sollen die Urlaubswochen doch die schönsten des Jahres sein.» Er schüttelt seinen Kopf. «Weit gefehlt!»

Wie verhalten Sie sich?

A. Sie nehmen sich für die Urlaubszeit nicht allzu viel vor, lassen auch mal «Fünfe gerade sein», lassen sich auf sich selbst und die Familie ein. Urlaub ist ein positiver Ausnahmezustand, der aber trotzdem eine gewisse Organisation verlangt.

B. Auch im Urlaub kommt man nicht ohne klare Regeln aus. Man kann nicht einfach nur in den Tag hinein leben. Dann verplempert man seine Zeit, und man hat nichts vom Urlaub und auch nichts von der Familie.

C. Wenn nicht im Urlaub, wann kann man sich dann um die Familie kümmern? Sonst kann man ja auch ohne Kinder Urlaub machen. Die sollen sich freuen, dass man sich um sie kümmert. Wie viele Eltern nehmen solche Anstrengung schon auf sich oder können sich das leisten?

Antwort A garantiert einen einigermaßen stressfreien Urlaub

Der Urlaub – egal, wo er erlebt wird, ob in der Nähe oder in der Fremde – ist neben Weihnachten und anderen Feiertagen ein für viele Familien vertrautes Ereignis im Jahr. Auch wenn die Ferienzeit Abgrenzung von der alltäglichen Normalität sein soll, so muss sie zugleich Gewohnheiten fortführen oder neue schaffen.

Urlaub ist die Ausnahme von der Regel, wie es Kinder so unnachahmlich ausdrücken können: «Ich kann den ganzen Tag nur spielen und muss nicht für die Schule lernen», lacht der sechsjährige Jannik. «Im Urlaub kann ich mich dreckig machen», schmunzelt der fünfjährige Tom, «und muss mich nicht andauernd waschen!»

Urlaub bedeutet nicht selten die zeitlich begrenzte Aussetzung von Gewohnheiten: z.B. die unregelmäßige Essens- und Schlafenszeit, Zeit für sich zu haben, zu dösen, zu bummeln, «rumzuhängen», andere Kleidung zu tragen, unbekannte Umgebungen zu erobern oder in unendlichen Wiederholungen am Bach, am See oder am Meer selbstvergessen zu spielen.

Obgleich im Urlaub andere «Gesetze» gelten, bedeutet dies kein beliebiges laissez faire. Planung und Organisation sind wichtig. Und je jünger die Kinder sind, umso bedeutender ist die Zuständigkeit und Verantwortung der Eltern. Vernünftige Planung berücksichtigt, dass die «Kleinen» keinen Luxus, kein ungewohntes Klima, keine Rundreisen oder anstrengenden Besichtigungen wollen, sondern Zeit zum Spielen, gleichaltrige Kinder, so wie es der sechsjährige Max formuliert: «Da lern ich selber andere kennen. Zu Hause sucht Mama meine Freunde immer aus!» Aber je älter die Kinder werden, umso mehr möchten sie mitbestimmen, desto vordringlicher ist es, sie in die Urlaubsplanung einzubeziehen.

Wie setzt man seinem Mann Grenzen, wenn er sich plötzlich in die Kindererziehung einmischt? (87)

Hubertus Abraham hat sich jahrelang aus der Erziehung seiner beiden Söhne herausgehalten. Nun sind sie 13 und 14 Jahre alt, und er meint, so seine Frau, die Jungen brauchen jetzt eine starke Persönlichkeit. Hubertus Abraham spielt mit einem Mal den Oberlehrer mit dem Ergebnis, dass der Haussegen von Tag zu Tag schiefer hängt. «Der Hahnenkampf ist lächerlich und unerträglich zugleich», berichtet Anna Abraham, die Mutter von Pete und Julius: «Aber die lassen sich nichts mehr gefallen, gehen in die Konfrontation. Manchmal muss ich einfach nur schmunzeln!» Aber wenn ihr Mann ihr dann ständig vorwerfe, das Verhalten der Söhne sei die Folge ihrer laschen Erziehung und ihrer Gutmütigkeit, dann ärgere sie sich schon, und es steige eine kalte Wut in ihr auf.

Wie verhalten Sie sich?

A. Sie ziehen sich als Mutter komplett aus der Erziehung zurück, überlassen Ihrem Mann das Feld, damit er irgendwann die Begrenztheit seines erzieherischen Tuns erfährt.

B. Sie halten sich aus dem «Hahnenkampf» nicht heraus, ergreifen Partei für Ihre Söhne – vor allem dort, wo Sie die Folgen des Machtkampfes zwischen Vater und Söhnen «ausbaden» müssen.

C. Sie lassen sich die Erziehungsverantwortung nicht völlig aus der Hand nehmen, binden Ihren Mann aber dort in die Verantwortung ein, wo Sie dessen pädagogische Kompetenzen und Möglichkeiten sehen. Vor allem reden Sie mit ihm über Gemeinsamkeiten und Unterschiede in der Kindererziehung.

Antwort C zeigt einen konstruktiven Weg auf

Viele Väter halten sich sehr lange aus der Kindererziehung heraus, überlassen diese der Mutter. Nur wenn Kinder dann in die Pubertät kommen, greifen manche Väter wenig sensibel in die Erziehung ein – nach dem Motto: «Frau, du hast lange genug experimentiert, nun lass mich mal machen!» Ich nenne das Last-Minute-Erziehung, in der Väter versuchen, den Heranwachsenden den letzten «Schliff» zu geben, und dabei übersehen, wie sehr sie in Konkurrenz zur Partnerin gehen. Es entsteht ein Gezerre am und um das Kind – mit der Folge, dass der Haussegen schiefhängt und sich dann erhebliche Partnerschaftskonflikte aufbauen. Deshalb ist es wenig sinnvoll, sich als Mutter aus dem «Hahnenkampf» herauszuhalten. Meine Idee: Entweder bindet die Frau ihren Mann dort ein, wo er sich nicht wie ein Oberlehrer aufspielen muss! Oder man redet mit einem Erziehungsberater einmal darüber, wie Mann und Frau sich die Erziehungspartnerschaft in der Zeit der Pubertät der Kinder vorstellen können. Und noch ein weiterer Gedanke ist wichtig: Wenn Kinder in die Pubertät kommen, dann ist es vordringlich, dass aus der Elternschaft, dass aus Vater und Mutter wieder Partner das heißt Mann und Frau werden. Das Festhalten an der Vaterrolle ist auch als Widerstand zu deuten, sich in der Partnerschaft neu einzurichten.

Zähneputzen:
Wie vermeidet man die leidigen Auseinandersetzungen dabei? (88)

Nina, zweieinhalb, und ihre Mutter, Franziska Schröter, haben jeden Abend Stress. Nina geht nach dem Abendessen und dem «Sandmännchen» in den oberen Stock, um ich die Zähne zu putzen. Danach folgt das Gute-Nacht-Ritual mit einer Geschichte, einem Lied, dem Gebet und dem Kuss.

Doch seit einigen Wochen funktioniert der Ablauf nicht mehr reibungslos, nicht mehr so, wie es sich die Mutter vorgestellt hat. Und beim Vater, Rolf Schröter, ist es nicht viel anders. Nina trödelt beim Zähneputzen. Es vergeht Minute um Minute, ohne dass im Badezimmer etwas passiert. Drohungen, keine Geschichten mehr vorzulesen, fruchten ebenso wenig wie die Ankündigung, sich nicht mehr ans Bett zu setzen und Ninas Nacken zu kraulen.

Wie verhalten Sie sich?

A. Sie bemerken, dass es Nina gar nicht um das Zähneputzen geht, sie will mitbestimmen. In ihrer Störung des gewohnten Rituals gibt es Hinweise darauf, dass Nina gemeinsam mit den Eltern das Ritual verändern möchte.

B. Das Zähneputzen wird «durchgezogen». Schließlich haben Kinder noch keine Vorstellung davon, was es für gesundheitliche Folgen haben kann, wenn man sich nicht die Zähne regelmäßig putzt. Deshalb sind Eltern, die klare Vorstellungen haben, hier wichtig. Lieber jetzt die Auseinandersetzung als später die unangenehmen Folgen.

C. Man muss sich schon auf die Kinder und deren Bedürfnisse einlassen. Dafür muss man einfach Verständnis haben. Und ein Kind, das ohne Gute-Nacht-Rituale einschläft, hat einen schlechten Schlaf vor sich. Da muss man schon nachsichtig sein.

Ich favorisiere Antwort A, aber auch B ist eingeschränkt möglich

Als Ninas Mutter klar wurde, dass Ninas Widerstand nicht so sehr dem Zähneputzen an sich galt als vielmehr dem Zeitpunkt, den die Mutter vorherbestimmte, veränderte sie das Ritual. Sie bezog ihre Tochter mit dem Satz ein: «Wann möchtest du die Zähne putzen – vor der Gutenachtgeschichte oder danach?» Nina schaute überrascht, überlegte kurz: «Danach!»

Das Ritual wurde aufgeteilt. Nach der Geschichte stand Nina ohne Murren und ohne gesonderte Aufforderung auf, putzte sich die Zähne, kam zurück, ließ sich den Nacken kraulen. Gemeinsam sang man das Lied und betete.

Das Kind wird sich im Trotzalter nicht nur seiner motorischen und intellektuellen Fähigkeiten bewusst und will diese anwenden, es will zugleich mitbestimmen – nicht über einen Sachverhalt als vielmehr über den Zeitpunkt, an dem eine Aktion geschieht.

So stecken hinter vielen Auseinandersetzungen nicht Inhalte – sei es das Zähneputzen oder das Zubettgehen –, es geht vielmehr um das «Wann». Kinder möchten mitreden, wollen nicht über sich bestimmen lassen, sondern fordern – manchmal lautstark, manchmal leise, aber stets beharrlich – Mitsprache ein.

Um dies an der Situation zu verdeutlichen: Damit ist eine Technik angesprochen, wie man Zusammenstöße im Trotzalter vermindern – aber nicht: verhindern! – kann: Man sollte Kinder manchmal den Zeitpunkt mitbestimmen lassen, wann eine Handlung auszuführen ist, und gegebenenfalls Rituale verändern.

Wie kann ich verhindern, dass mein Kind alles auseinandernimmt und erforschen will? (89)

Arne, knapp zwei Jahre, ist ein kleiner Forscher. Nichts ist vor ihm sicher. Vor einiger Zeit hatten es ihm die mit Erde gefüllten Blumentöpfe seiner Eltern angetan. Dann waren es die Steckdosen, und «jetzt ist es die CD-Anlage, die er versucht, mit viel Mühe auseinanderzunehmen», so der Vater. «Die Steckdosen, gut, die konnte man mit einer Sicherung entschärfen. Aber bei meiner Anlage?» Er schüttelt den Kopf. Zweimal wären jetzt schon die Techniker da gewesen. «Die CD-Anlage übt eine ungeheure Faszination auf Arne aus. Das ständige ‹Nein, Arne!› nervt mich, anscheinend feuere ich ihn damit nur an.»

Wie verhalten Sie sich?

A. Bei allem Verständnis für den kindlichen Forscherdrang, irgendwo gibt es doch eine Grenze. Ich ermahne den Sohn immer wieder, appelliere an seine Einsicht und erkläre ihm mit eindringlichen Worten, dass man teure Anlagen nicht zerstören darf.

B. Ich untersage ihm, die CD-Anlage anzufassen. Sollte er es nach zweimaliger Aufforderung weiter tun, dann ziehe ich ihn weg und trage ihn in einen anderen Raum, selbst wenn er dann schreit, ausflippt, um sich tritt.

C. Ich beziehe ihn mehr in meine handwerklichen Tätigkeiten ein, zeige ihm den Gebrauch von Werkzeugen, lasse ihn bestimmte Aktivitäten selbständig ausführen und gebe ihm einen ausgedienten Kassettenrecorder, an dem er seine Neugierde ausprobieren kann.

Antwort C ist pragmatisch und lebenspraktisch zugleich

Die Kinder werden sich im Trotzalter ihrer Fähigkeiten bewusst, die sie haben. Sie entwickeln sich zu Forschern, die hinter die Dinge schauen wollen. Dabei handeln sie nach dem Motto, wonach das Begreifen, mithin der abstrakte Begriff über das Greifen geht. Kinder lernen anschaulich. Nur das, was sie in den Händen halten, was handhabbar ist, gewinnt für sie eine konkrete Bedeutung. Dabei ist es ihnen egal, ob es sich um Blumentopferde oder eine teure CD-Anlage handelt. Alles wird auseinandergenommen, auf seine Einzelteile hin untersucht. Kinder interessiert nicht der materielle Wert. Sie wollen nichts kaputt machen, sie wollen *hand-greiflich* erfahren, wie ein Gerät von innen aussieht oder was man mit Materialien so alles anstellen kann.

Als der Handwerker das dritte Mal bei Arnes Eltern auftauchte, hatte der eine Idee. Am Nachmittag desselben Tages brachte er eine ausrangierte Anlage vorbei, an der konnte Arne seinen Forscherdrang ausleben. Der Vater erklärte ihm, das sei nun seine. «Dafür gehört mein Gerät mir. Ich gehe nicht an deines, du nicht an meines! Verstanden?» Arne nickte. Er war stolz auf seinen Besitz und zeigte allen seine Anlage und wie es im Inneren aussieht. Nur einmal machte er sich noch auf den Weg, um das Gerät seines Vaters näher zu untersuchen. «Arne!», rief der Vater. Arne schaute ihn an, lächelte und verschwand mit einer kleinen Zange in seinem Zimmer, um an seiner Anlage seine motorischen Fähigkeiten anzuwenden.

Gespenster:
Wie kann ich meiner Tochter nur die Angst davor nehmen? (90)

Ihre sechsjährige Simone erzählt Ihnen, als Sie sie ins Bett bringen, sie habe manchmal Angst vor Vampiren, die sie nachts im Zimmer besuchen würden. Neulich habe sie eine wehende Gardine gesehen und gedacht, das wäre ein böses Gespenst. «Da habe ich schnell Licht angemacht, und das Gespenst war verschwunden!»

Wie verhalten Sie sich?

A. Sie sagen Ihrer Tochter, wie toll sie das gemacht hat, das Gespenst zu vertreiben. Aber dass es auch normal wäre, wenn man vor Gespenstern Angst hat, denn das wäre ja das Gemeine an denen, die kämen nur nachts, wenn es dunkel wäre, um einen zu erschrecken.

B. Sie erklären Ihrer Tochter, Gespenster gäbe es gar nicht und deshalb brauche man auch keine Angst vor denen zu haben. Gespenster würde man sich nur einbilden. Die Tochter solle beim Einschlafen an etwas «Schönes» denken.

C. Kinder brauchen in solchen Situationen Geborgenheit und Verlässlichkeit. Deshalb ermuntern Sie Ihre Tochter, Sie zu rufen, wenn «die Gespenster-Angst» wiederkommen sollte.

Antwort A fördert die Kreativität des Kindes, selber Gespenster zu vertreiben

Angst ist ein Gefühl. Einmal sind Ängste diffus, man weiß nicht genau, wovor man Angst hat, ein anderes Mal binden sich Ängste an Vampire, an Geister, an Räuber, an Tiere, an Schatten oder an laute Geräusche.

Und Angst ist körperlich zu spüren: im Herzklopfen, im Erröten, in der Blässe, im Stottern oder in Verhaltensunsicherheit.

Da Ängste Gefühle sind, kommt man ihnen mit Rationalisierung nicht bei. Sätze wie etwa «Du brauchst doch keine Angst zu haben!» oder «Das ist doch nicht schlimm!» nehmen Kinder in ihren Ängsten nicht ernst. Formulierungen wie «Nun stell dich nicht so an!» lassen Kinder allein oder führen dazu, dass Kinder ihre Ängste verdrängen oder verleugnen.

Kinder haben ein Recht darauf, Angst zu haben. Und sie haben ein Recht darauf, Ängste auszuleben und zu verarbeiten. Daher gilt: Je mehr sich ein Kind geborgen fühlt, je mehr Selbstvertrauen es hat, umso sicherer und eigenständiger geht es mit den Ängsten um.

Die Eltern können Kinder bei der Angstverarbeitung unterstützen:

- Geben Sie dem Kind Sicherheit und Verlässlichkeit.
- Ein Kind, das Angst hat, muss ernst genommen werden. Es hat es nicht verdient, dass seine Angst heruntergespielt wird.
- Geben Sie den Kindern durch Rituale und Regeln Sicherheit im Umgang mit Ängsten. Bedenken Sie: Ängste kommen schnell, vergehen aber meistens nicht von heute auf morgen.

Kinder müssen bei der Angstbewältigung mithelfen, sonst macht man sie unselbständig. Ängste kreativ zu verarbeiten, stellt eine Herausforderung für Eltern wie für Kinder dar.

Mitleid und Mitgefühl: Wie vermeide ich es, Kinder in Krisensituationen zu bemitleiden, statt ihnen Mitgefühl zu geben? (91)

Konstantin war knapp fünf Jahre, als seine Mutter plötzlich starb. Er saß, wie die Erzieherinnen beobachteten, «nur so da, traurig, verlassen».

Ein «armes Kind, das schon viel mitgemacht hat», dieses Bild nistete sich in den Köpfen der Erzieherinnen, aber auch der anderen Eltern ein.

Nach vielen Wochen löste sich Konstantin aus seiner Einkapselung, allerdings in einer Art und Weise, die keiner erwartet hatte. Mal trat er kräftig und schmerzhaft zu, mal biss er Kinder, mal kniff er sie, mal ließ er eine Kanonade übelster Schimpfworte los.

Konstantins zerstörerisches Verhalten steigerte sich. Er verletzte andere Kinder, zerriss ihre Zeichnungen, zerstörte Basteleien, trat Eltern vors Schienbein, wenn diese ihre Kinder abholen wollten.

Man brachte Konstantin eine schier unvorstellbare Geduld entgegen, weil man jede seiner Handlungen stillschweigend mit dem Tod seiner Mutter entschuldigte. «Da kann man nichts machen. Das gibt sich schon!»

Wie verhalten Sie sich?

A. Man muss Kinder schon verstehen, aber man darf nicht alles akzeptieren. Auch ein trauriges Kind, das Grenzen überschreitet, muss die natürlichen Folgen seines Tuns fühlen.

B. In solch einer Situation muss man Nachsicht zeigen, die Kinder brauchen einfach andere Grenzen, sonst gehen sie noch unter. Die benötigen eine lange Leine, die man später wieder anziehen kann. Da muss man flexibel sein.

C. Ich bin mit solch einer Situation komplett überfordert. Solch ein Kind braucht therapeutische Begleitung, und danach werde ich nun suchen.

Antwort A erfordert viel Sensibilität, aber auch C ist möglich, falls man nicht weiterweiß

Konstantin wollte in seiner Trauer, in seinem Zorn, in seiner Wut, die der schmerzliche Verlust seiner Mutter ausgelöst hatte, nicht blindes Verständnis, er sehnte das Gefühl herbei, angenommen zu sein – wie jedes andere Kind auch. Mitleid nimmt Kinder nicht ernst, es macht ihr Leiden nur intensiver, lässt Hilfeschreie schriller werden. Wird dies verkannt, bleibt dem Kind nichts weiter übrig, als so lange um Aufmerksamkeit zu buhlen, bis die Erwachsenen zum Handeln verpflichtet sind.

Krisensituationen, Konflikte und Probleme lassen sich im Alltag von Kindern nicht vermeiden. Und dies selbst dann nicht, «wenn man es noch so gut meint». Kinder leben in einer Welt voller Konflikte, voller Krisen und Widersprüche. Und auch die kindliche Entwicklung ist voll von Krisen, Umbrüchen, Reibungen und Mehrdeutigkeiten. Wenn dies schon nicht zu verhindern ist, haben Kinder zumindest ein Anrecht darauf, als Subjekte respektiert und geachtet zu werden. Was das Kind in einer Krise mehr denn je braucht, ist Hilfestellung und Unter-Halt, das Mitgefühl einschließt. Kinder brauchen in Krisensituationen das Vertrauen und die Sicherheit, sich mit all ihren Sorgen, Traurigkeiten und Schmerzen angenommen zu *fühlen*. Mit der Gewissheit um Halt hält ein Kind Enttäuschungen und Frustrationen aus. Mitleid dagegen schwächt. Es hilft dem Kind nicht, selbstbewusst und eigentätig ein Problem anzugehen. Mitleid unterschätzt das Kind in seinen schöpferischen Fähigkeiten, Krisen zu bewältigen.

Auch Kinder, die Krisensituationen durchleben, müssen sich an Regeln und Vereinbarungen halten. Erst als sich das Verhalten der Erzieherinnen änderte, sie Konstantin ernst nahmen, indem sie ihm Grenzen setzten, er konsequentes Handeln erfuhr, man ihm die Folgen seines Tuns aufzeigte, änderte sich sein Verhalten positiv.

Der liebe Gott:
Was sage ich, wenn mein Kind nach Gott fragt? (92)

Neulich, so erzählt die Mutter des fünfjährigen Mario, habe sie beobachtet, wie er zu seinem gleichaltrigen Freund Thomas meinte: «Ich baue einen Lego-Turm bis zu Gott. Dann steige ich hinauf zu ihm!» «Dann fällst du runter», habe Thomas cool geantwortet, «und bist sofort tot!» «Wenn ich tot bin», so war Marios schlagfertige Reaktion, «dann komme ich gleich wieder rauf zu ihm.»

Wie verhalten Sie sich?
A. Sie schmunzeln, finden es schön, wie phantasievoll und kreativ Kinder mit dieser Situation umgehen. Kinder sind Philosophen.
B. Sie beschließen, mit Ihrem Kind mal ein Gespräch «über Gott und die Welt» zu führen. Es ist jetzt doch wohl an der Zeit, dieses Thema zu vertiefen.
C. Sie wundern sich darüber, dass Ihr Sohn solche Themen anspricht. Und wollen herausfinden, woher dieses Interesse kommt. Ganz geheuer ist es Ihnen nicht!

Die Antworten A und B nehmen Kinder ernst

Wenn Kinder in die Welt hinausgehen, dann brauchen sie Behütung. Im Psalm 23 des Alten Testaments heißt es: «Dein Stecken und Stab führen mich!» Und im Lied vom «Hänschen klein», das in die Welt hinauszieht, lautet eine Strophe: «Mit Stock und Hut, wohlgemut.» Hänschen geht «wohlgemut» und voller Zuversicht in das Unbekannte hinaus, weil er den Stock in der Hand hält, der ihm Sicherheit gibt, und den Hut aufhat und spürt, dass der ihn vor Fährnissen und Widrigkeiten behütet. Jedes Kind, jeder Jugendliche, der den gewohnten Hafen verlässt und sich den Stürmen des Lebens stellt, braucht – wie sie der Psychoanalytiker David Winnicott bezeichnet hat – «Übergangsobjekte», Symbole, Gegenstände, Rituale, die dem Kind helfen, Autonomie und Eigenständigkeit auszuhalten.

Gott als Ansporn, als Herausforderung – aber auch als Trost, als letztliche Sicherheit. Und die brauchen Kinder, wenn sie in die Welt hinausziehen, um Selbständigkeit und Selbstbewusstsein auszubilden. Gerade in Gegenständen, aber auch in Bildern erschaffen sie sich, so Religionspädagogin Helga Kohler-Spiegel, Symbole, «um das Allein-Sein auszuhalten, ohne in Einsamkeit zu versinken, die Aufgaben und Herausforderungen dieser Welt zu bestehen, ohne verlorenzugehen, um Leid zu ertragen und Hoffnung zu bewahren».

Symbolische Räume und Bilder trösten, lassen Verluste aushalten: «Mein Schutzengel ist mein Bruder», erzählt die elfjährige Antonia: «Er ist leider … im Himmel. Richtig kannte ich ihn aber nicht, aber ich weiß, wie er aussah. Wenn er noch am Leben wäre, wäre er jetzt 13 Jahre. Er ist mein Schutzengel, und er wird es für immer bleiben.»

Redet man mit Kindern über ihre Vorstellungen von Gott, dann wird eine Botschaft deutlich: Vertrauen in eigene Fähigkeiten kann nur dann gelebt werden, wenn man sich in sicheren Bindungen und Beziehungen – zu Gott, den Schutzengeln – geborgen fühlt.

Mütter und Job:
Muss ich als berufstätige Mutter ein schlechtes Gewissen haben? (93)

Sandra Peters, Mutter von zwei Kinder, neun und elf Jahre alt, erzählt: «Auch wenn ich immer wieder davon lese, dass die Berufstätigkeit von Müttern keine Nachteile für die Kinder mit sich bringt, habe ich trotzdem ein schlechtes Gewissen, wenn meine Tochter krank ist, um nur ein Beispiel zu nennen.» Sie schaut mich an: «Ich habe dann richtige Schuldgefühle.» «Genau», ergänzt Ina Dietrich, «mein Sohn, der ist jetzt mitten im Trotzalter. Und wenn der sagt, er mag mich nicht, weil ich arbeite, dann ist es ein fürchterlicher Schlag in den Magen.»

Wie verhalten Sie sich?

A. Ich warte mit einer Berufstätigkeit so lange, bis die Kinder aus dem Haus sind. Es gilt Prioritäten zu setzen!

B. Kinder müssen einsehen, dass Mütter auch gerne arbeiten und nicht nur Kinder und ihre Bedürfnisse im Kopf haben. Denn wenn die Kinder irgendwann aus dem Haus sind, dann ist man ihnen als Mutter zwar nicht egal, aber sie fragen sich auch nicht ständig, wie es der Mutter wohl geht.

C. Ich habe mich nach längerer Überlegung dafür entschieden, sowohl Mutter als auch berufstätige Frau zu sein. Aber das muss letztlich jede für sich entscheiden, ob sie zu Hause bleibt und auf den Beruf verzichtet oder ob sie versucht, beide Rollen irgendwie unter einen Hut zu bringen.

Es gilt, sich zwischen den Antworten B und C zu entscheiden

So pragmatisch viele Mütter mit den verschiedenen Problemen umgehen, die sich aus der Doppelbelastung von Haushalt und Beruf ergeben, so groß sind ihre Skrupel und Bedenken, wenn es um die gefühlsmäßigen Auswirkungen geht, die ihre Berufstätigkeit auf das psychische Empfinden der Kinder haben kann. Hier sind sie hin- und hergerissen zwischen Pflicht und Neigung: Da ist einerseits die Sorge um das Wohl des Kindes, da sind andererseits Wünsche und Träume, sich in Bereichen jenseits des Familienlebens zu verwirklichen. Beide Auffassungen lassen sich nur schwer unter einen Hut bringen.

Es bleiben immer Reste an Unzufriedenheit, an Selbstzweifel, die nicht selten von außen herangetragen werden. Eine Mutter hat das so ausgedrückt: «Immer wenn etwas passiert, führe ich das auf meine Berufstätigkeit zurück!» Und eine andere ergänzt: «Man will eine gute Mutter sein. Und gut bin ich nur, wenn ich mich ständig um das Kind kümmere.» Dieses Muster kennzeichnet die gegenwärtige Diskussion über berufstätige Mütter. Und besonders problematisch ist, dass Vollzeit-Mütter und berufstätige Mütter gegeneinander ausgespielt werden. «Gute» Mütter arbeiten – nur wo, das muss jede Mutter für sich entscheiden. Und wichtig dabei ist: Sie müssen zu ihren Entscheidungen stehen. Nur diese Haltung gewährleistet eine innere Zufriedenheit.

Und schließlich: Kinder brauchen bedingungslose Zuwendung. Für berufstätige Mütter heißt das: Kinder nicht verantwortlich und zum Sündenbock zu machen, wenn manches nicht so gut läuft. Und für Vollzeit-Mütter bedeutet das: Kindern später nicht vorzuhalten, man habe ihnen zuliebe auf vieles – auch auf den Beruf – verzichtet.

Väter und Beruf:
Wie bringt man als Vater Beruf und Kindererziehung
unter einen Hut? (94)

Peter Ludwig, Vater von zwei Kindern im Alter von sechs und acht Jahren, wirkt zerrissen, was seine Arbeitszeit und jene Zeit anbetrifft, die er mit seinen Kindern verbringen möchte. «Ich habe zu wenig Zeit», klagt er sich selber an. «Manchmal komme ich mir in der Familie wie ein Fremdling vor, der vom Alltag nichts mitbekommt.» Er denkt nach: «Aber den Job so einfach hinschmeißen, das gelingt mir nun auch nicht, dazu wäre man doch zu sehr in betriebliche Abläufe einbezogen.» Er schüttelt nachdenklich den Kopf hin und her: «Dabei wollte ich alles anders machen als mein Vater, der vor lauter Arbeit und Beruf keine Zeit für uns hatte!»

Wie verhalten Sie sich?

A. Man hat keine Chance, aus der «Jobmühle» herauszukommen! Vielleicht gibt es später einmal eine Chance, das Versäumte nachzuholen. Und außerdem hält ja die Frau Kontakt zu den Kindern!

B. Ich will nicht alles anders machen! Ich versuche, so gut es geht, den Kontakt zu meinen Kindern zu halten! Es ist nicht das Optimum, das ich mir vorgenommen hatte, aber im Leben sind Kompromisse nun einmal notwendig.

C. Die Kinder sehen das schon ein, meine Frau auch. Es geht eben nicht immer so, wie man gerne möchte! Das Leben setzt seine Prioritäten.

Antwort B ist nicht einfach umzusetzen, aber es lohnt sich

Obgleich Männer häufig darauf verweisen, wie bedeutsam die Familie für ihre Identitätsfindung ist, so hat der Beruf für viele doch absolute Priorität. Zudem endet die fehlende Vereinbarkeit von Arbeits- und Familienleben in einem Teufelskreis: Weil sie sich zu Hause ausgeschlossen fühlen oder selber ausgrenzen, fliehen sie in den Beruf. Und damit vergrößert sich der Abstand zur Familie. Gleichwohl sind viele Väter zunehmend bereit, Erziehungsverantwortung für das Kind zu übernehmen. Die verstärkte Einbeziehung des Vaters in die Familienerziehung führt somit nicht automatisch zu einer besseren Arbeitsteilung und mehr Harmonie, sondern kann durchaus mit Stress und Auseinandersetzung verbunden sein. Absprachen und verlässliche Arrangements zwischen Mann und Frau sind notwendiger denn je. Für Väter gilt dabei:

- Handeln und das Umsetzen von Ideen sind wichtiger als ständiges Nachdenken darüber, was zu tun ist. Sich nur allgemein vorzunehmen, zukünftig mehr Zeit für die Kinder zu haben, ist zu abstrakt. Praktikabler und ermutigender kann es sein, zum Beispiel jeden zweiten Abend oder mindestens einmal pro Woche fünfzehn Minuten früher nach Hause zu kommen, um mit den Kindern Rituale zu entwickeln und auch durchzuhalten.

- Väter dürften sich nicht überfordern! Sie sollten nicht aus dem einen Extrem (zum Beispiel Flucht in den Beruf) in das andere Extrem (ein omnipotenter, alles könnender Vollzeit-Vater) zu verfallen. Perfektionismus führt rasch zur Entmutigung.

- Eine weitere Überlegung: Väter sollten sich Zeit nehmen, wenn sie von der Arbeit zur Familie kommen. Manche brauchen Zeit, um sich auf das familiäre Miteinander einzulassen. Auch hier führt Überforderung häufig zu Ärger und Verdruss!

Wo war ich, als ich noch nicht bei euch war? (95)

«Mich überrascht immer wieder», so erzählt eine Mutter, «mit welcher Selbstverständlichkeit mein fünfjähriger Max das Thema Sexualität anschneidet, mir Löcher in den Bauch fragt. Und ich denke dann, was sagst du jetzt, ohne etwas falsch zu machen: Neulich wollte er wissen, wo er war, als er noch nicht bei uns war!»

Wie verhalten Sie sich?

A. Ich hätte die Frage überhört, wäre aber in eine Bibliothek oder in eine Buchhandlung gegangen und hätte mir ein altersgerechtes Buch geholt, um die Frage zu beantworten.

B. Ich wäre neugierig gewesen, hätte zurückgefragt: «Was meinst du, wo du warst?» Solche Kinder-Fragen fordern heraus und machen neugierig.

C. Ich weiß nicht, wie Kinder in diesem Alter auf solche Fragen kommen. Das sind doch Themen, die sie noch gar nicht interessieren. Ich hätte meine Tochter irgendwie abgelenkt.

Rückfragen nehmen Kinder ernst, deshalb Antwort B.
Wer sich das nicht traut, für den passt Antwort A

Zwischen dem dritten und vierten Lebensjahr wachsen das Interesse und die Neugierde bei sexuellen Themen und Bezügen. Die Kinder stellen nun Fragen, auf die sie Antworten haben möchten. Kinder sind nicht nur wunderbare Philosophen, sie wollen wissen, woher sie kommen. So entstehen konkrete Fragen, die zwischen dem vierten und fünften Lebensjahr dann immer intensiver werden.

Auf die Frage, wo sie wohl vor der Geburt gelebt haben, antworten einige Kinder so: «Ich war vorher auf einer Wolke» (Sabine, vier Jahre). «Ich habe hinter dem Mond gelebt, ganz weit weg» (Susanne, fünf Jahre). «Ich war ein bunter Schmetterling» (Raffael, fünf Jahre). «Ich war im Himmel bei Petrus, der hat mich zu meinen Eltern geschickt» (Beatrice, fünf Jahre). «Ganz genau weiß ich das nicht» (Simon, vier Jahre).

Wenn Kinder Fragen zur Sexualität haben, dann gilt es, einige Grundsätze zu berücksichtigen:

1. Je jünger das Kind, umso konkreter, klarer, knapper, anschaulicher können die Antworten sein. In elterlichen Antworten können Rückfragen an die Kinder enthalten sein: «Wie stellst du dir das vor?» «Was meinst du damit?» Die Antworten zeigen, wo das Kind intellektuell und gefühlsmäßig steht.

2. Wenn Kinder fragen, wollen sie im Hier und Jetzt angenommen sein. Sie wollen keine abstrakten Vorträge, sie wollen persönliche, authentische Antworten dazu, was Eltern wissen und denken.

3. So schließt denn das Sprechen über Sexualität grundsätzliche Überlegungen ein: Es ist auch ein Gespräch über zwischenmenschliche Beziehungen, über die Wertschätzung des eigenen Körpers, über Achtung vor sich selbst und anderen, darüber, die Intimsphäre des jeweils anderen zu respektieren.

Wer bin ich, Pausenclown, Freizeitanimateur oder was noch? (96)

«Mein Sohn», so klagt die Mutter des siebenjährigen Jonas, «der lässt sich von hinten und vorne bedienen.» Sie schüttelt ihren Kopf heftig hin und her: «Und ich bin so blöd und mache das dann. Ich will schließlich keine Rabenmutter sein und mir nichts nachsagen lassen!» Aber dann schaut sie skeptisch drein: «Ich weiß natürlich, dass das nicht richtig ist. Aber ich kann nichts dagegen machen! Wirklich nicht!»

Eine andere Mutter, die der vierjährigen Jessica, lächelt gequält, als sie das hört. Bei ihr wäre es ähnlich: «Nicht mit dem ständigen Versorgen meiner Tochter! Da ist sie schon sehr selbständig. Aber sie kann nicht alleine spielen. Sie muss ununterbrochen ein Programm haben.» Die Mutter atmet tief aus: «Wenn ich mich mal hinsetze, um in die Zeitung zu schauen oder nur, um einen Kaffee zu trinken, dann höre ich ihre quengelige Stimme, ihr wäre so langweilig, oder sie fordert mich mit eindringlicher Stimme auf: ‹Mama, komm! Spiel mit mir!› Und wenn ich sie inständig bitte, mir einen Augenblick für mich allein zu gönnen, dann nervt sie so lange, bis ich weich werde und zu ihr gehe.» Jessicas Mutter hat einen etwas verzweifelten Gesichtsausdruck, legt ihre Stirn in Falten: «Meine Tochter macht mich regelrecht fertig. Mir bleibt kaum Zeit für mich!»

Wie verhalten Sie sich?
A. Ich habe auch meine eigenen Bedürfnisse, die ich meinen Kindern vermitteln muss.
B. Kinder stehen im Mittelpunkt. Für ihr Wohlbefinden muss man einfach sorgen!
C. Wo kommt man denn dahin, wenn sich alles nur um die Kinder dreht? Ich ziehe mein Ding mal durch, auch wenn es den Kindern mal nicht passt!

Ich empfehle Antwort A, Antwort C darf aber auch mal sein, ohne sich als Rabenmutter zu fühlen

Wer es mit Kindern zu tun hat, hat es mit zwei Kindern zu tun: Dem Kind vor sich und dem Kind in sich. Und je mehr man das innere Kind in sich annimmt, sich mit ihm ausgesöhnt hat, umso intensiver kann man das Kind vor sich ins Leben begleiten, kann zu seiner eigenen Unvollkommenheit und zu seinem eigenen Kind stehen, kann den Pausenclown, den Animateur und Chauffeur überwinden und loslassen.

Es sind mehrere Aspekte, die bei Eltern, insbesondere bei Müttern, Stress, Unzufriedenheit und Bedrängnis mit sich bringen:

- Eltern wollen perfekte Eltern sein, ihren Kindern eine anspruchsvolle freie Zeit zur Verfügung stellen.
- Eltern fühlen sich dafür verantwortlich, wenn es Kindern mal langweilig ist. Es fällt schon auf, wie manche Eltern sich bereitwillig dienstverpflichten lassen, um sich dann halbherzig unter Hintanstellung eigener Bedürfnisse auf die Kinder einzulassen.
- Kinder brauchen Eltern, die ihnen eine anregende Umgebung schaffen, weil nur so eigenständiges, kreatives, selbstbewusstes Lernen möglich ist. Aber Eltern haben zugleich das Recht auf kinderfreie Zeiten, um eigenen Wünsche nachzugehen.

Es ist völlig klar und einleuchtend, wenn Kinder die elterliche Nähe, ihr Mittun im Spiel und ansprechende Freizeitangebote einfordern und einklagen. Das können Eltern von ihren «kleinen» Weisheitslehrern lernen: gut für sich Sorge zu tragen. Und das bedeutet für Väter und Mütter: nicht ununterbrochen für die Kinder da zu sein, um sie herumzuturnen. Wer nur an die Kinder denkt, vergisst sich, opfert sich auf und wird nicht mehr ernst genommen und akzeptiert. Kinder müssen geachtet und respektiert werden, doch genauso muss ihnen vorgelebt werden, dass sie auch andere mit ihren Bedürfnissen achten und respektieren müssen.

Urlaub ohne Kinder:
Geht das? (97)

«Als ich neulich im Kreise von Freundinnen saß», so erzählt Catrin Schrader, Mutter des sechsjährigen Alex und der dreijährigen Pia mit leiser Stimme, aber doch merklich irritiert, «und ich denen wie selbstverständlich davon berichtete, dass ich mit meinem Mann ein paar Tage alleine wegfahren wolle, eben ohne Kinder», sie holt tief Luft, «da dachte ich glatt, die wollten mich fressen, so voller Unverständnis haben die mich angestarrt, die Köpfe unmerklich geschüttelt.»

Wie verhalten Sie sich?

A. Ich finde, Urlaub ohne Kinder zu machen, das zeugt von einem sehr egozentrischen Verhalten. Man muss auch mal seine Bedürfnisse aufschieben können!

B. Wenn man Kinder allein lässt, dann nehmen sie Schaden. Sie brauchen nun mal die Eltern!

C. Ich habe als Mutter, als Frau, als Partnerin Bedürfnisse und bin keine emotionale Tankstelle, die man nach Lust und Laune anzapfen kann. Das gilt auch für mich als Vater oder für uns als Eltern. Denn nur wenn es mir gutgeht, dann geht es auch den Kinder gut! Davon bin ich überzeugt.

Kinder würden wie ich die Antwort C empfehlen

«Wenn meine Eltern *sich* mehr ansehen würden», so erklärt der siebenjährige Valentin ernsthaft, «dann würden sie mich nicht immer sehen!» Welch philosophische, welch ganzheitliche Betrachtung des Familienlebens. So wichtig Vater und Mutter für eine haltgebende Nahwelt sind, so bedeutsam ist, dass Eltern zugleich Partner, eben Mann und Frau mit ganz eigenen Bedürfnissen sind. Und so wie die Elternschaft viel Raum und Zeit in Anspruch nimmt, ja nehmen muss, so braucht eine Partnerschaft Raum und Zeit, braucht sie Rituale, über die sich die Partnerschaft ausdrückt.

Rezepte für den Urlaub ohne Kinder gibt es natürlich nicht, aber einige Gedanken, die man beherzigen sollte:

1. Es versteht sich von selbst, dass Kinder in Krisensituationen Zuspruch und Halt brauchen. Deshalb ist es für Kinder nur schwer auszuhalten, wenn Eltern in solchen Zeiten längere Zeit abwesend sind.

2. Es ist wichtig, dass man Kinder von Anfang an elterliche Abwesenheit zumutet. Wenn die Kinder jünger sind, kann es ein Tag oder ein Wochenende sein; später dürfen es auch mehrere Tage sein.

3. Wenn Eltern im Urlaub sind, braucht das Kind eine vertraute Nahwelt, die Halt und Nähe vermittelt. Das können Großeltern sein. Müssen es aber nicht! Alle erwachsenen Bezugspersonen – vom Onkel über die Tante, vom Patenonkel über die Patentante bis hin zu Freunden –, die das Kind mag, mit denen es vertraut ist, können diese Betreuungsaufgaben übernehmen.

4. Wenn man allein in den Urlaub fährt, ist ein Abschiedsritual vonnöten, vielleicht lässt man dem Kind einen Talisman oder einen Schutzengel da. Kommt man aus dem Urlaub zurück, bringt man ein kleines Geschenk mit – aber nicht ein überdimensioniertes, vermuten Kinder dahinter doch schnell das schlechte Gewissen der Eltern.

Grenzenlose Erziehung: Wie geht man auf Kinder ein, die keine Grenzen erfahren? (98)

Kai, fünfeinhalb Jahre, kommt jeden Morgen kurz nach acht in den Kindergarten, die Tür zum Gruppenraum laut zuknallend – nach dem Motto: «Hier bin ich!» Breitbeinig steht er da – und bekommt seine Aufmerksamkeit. Auf die Frage der Erzieherin: «Bist du da?», antwortet er grinsend: «Na klar!» Und auf die mehr rhetorische Frage: «Kannst du die Tür nicht leiser zumachen?», kommt ein eher achselzuckendes: «Ich glaub schon!» oder ein lächelndes: «Macht so 'n Spaß.»

Und bei der freundlichen Zuwendung seiner Erzieherin: «Guten Morgen, Kai. Schön, dass du da bist», breitet sich Schalk in seinen Augen aus: «Meinst du das wirklich?» Erhält Kai überhaupt keine Aufmerksamkeit, steht er einen Augenblick still, schaut sich um, geht auf ein Kind in seiner unmittelbaren Nähe zu. Je nach Lust, Laune und Tagesform schlägt er dann zu, zieht es an den Haaren, beißt, kneift – so lange, bis ihm Aufmerksamkeit gewiss ist.

«Kai», so stöhnen seine Erzieherinnen, «hält sich überhaupt nicht an Regeln. Und wenn wir mal hart werden, dann ist's auch nicht richtig. Dann will er abhauen oder heult.»

Wie verhalten Sie sich?
A. Sie wissen nicht, wie Sie das Verhalten des Kindes einschätzen sollen. Sie entschließen sich, Kais Verhalten noch einige Zeit zu beobachten.
B. Kais provokatives Verhalten fordert Sie heraus. Wenn der zu Hause keine Grenzen erfährt, dann muss ich das machen. Eltern nehmen ihre Erziehungsverantwortung nicht mehr wahr! Schade, aber nicht zu ändern!
C. Sie haben den Eindruck, Kai bekommt keine Grenzen gesetzt. Zugleich hat er den Wunsch nach Regeln und Ritualen. Die gebe ich ihm, denn Kinder, die mit einem Laissez-faire-Stil aufwachsen, werden nicht lebenstüchtig.

Ich favorisiere Antwort C, aber auch B kann man sich vorstellen

Kais Verhalten ist Provokation und Hilfeschrei zugleich. Er macht auf sich aufmerksam, möchte Konsequenzen – eben Grenzen und Regeln – spüren. Kai will sich *angenommen und zugehörig fühlen*. Er möchte eine eigene Identität haben, über die er sich ausdrücken kann, er will seine Kompetenzen und Stärken beweisen.

Der Laissez-faire-Stil lässt Kinder dagegen allein. Er macht sie unfähig, soziale Beziehungen einzugehen und Kontakte aufzunehmen. So wie die Überbehütung nur räumliche Enge und körperliche Nähe zulässt, damit erdrückt, Eigenständigkeit und Autonomie unterbindet, so bietet der Laissez-faire-Stil den Gegenpol: Hinter der – aus elterlicher Sicht – vermeintlich unbegrenzten großen Freiheit verbirgt sich unpersönliche Distanz, eine – für das Kind – unüberschaubare Weite, die Verlassenheitsangst und Einsamkeit aufkommen lässt und bald unerträglich wird. Widerstand und Auseinandersetzung können ebenso die Folge sein wie zerstörerische Aggressivität, Übermotorik oder Distanzlosigkeit. Solche Verhaltensweisen sind Ausdruck einer verzweifelten Suche nach Halt und Orientierung, nach Standort und Standpunkt, nach Sinn und Nähe.

Der Laissez-faire-Stil macht Kinder lebensuntüchtig, hält sie klein und abhängig, dokumentiert Desinteresse am Kind. Wer keine Regeln formuliert oder Grenzen setzt, der überfordert Kinder intellektuell und gefühlsmäßig. Solcher Erziehungsstil lässt keine intensiven zwischenmenschlichen Beziehungen aufkommen. Er verkennt existenzielle Wünsche der Heranwachsenden, ihre Wünsche nach emotionaler und sozialer Orientierung, den Wunsch nach Individualität, eben einzigartig zu sein.

Wie sollten Großeltern handeln, ohne sich in die Erziehung einzumischen? (99)

«Als mir meine Tochter eröffnete, dass ich in einem halben Jahr Opa würde», erzählt Peter Meier und stockt kurz, «da war das schon ein Schock. Jetzt wirst du alt, habe ich mir gedacht. Ich musste verdammt an mir arbeiten, mich in diese Position einzufinden. Und es ist witzig: Als ich dann die kleine Jessica sah, war ich stolz, Opa zu sein. Meine Enkeltochter hat mir dabei geholfen.» Maria Meier, Peters Frau, schmunzelt nachsichtig: «So einfach, wie du es darstellst, lief es aber nicht ab.» Aber das sei doch normal, lenkt Waltraud Schneider, Oma zweier Enkel, ein: «Man muss sich eben an vieles gewöhnen. Am Anfang war ich fürchterlich besserwisserisch. Ich hab meine Tochter wie ein kleines Mädchen behandelt, ständig Vorschläge gemacht, wusste alles besser. Bis meiner Tochter der Kragen geplatzt ist und sie mir die Grenzen aufgezeigt hat.»

Wie würden Sie sich verhalten?

A. Man zieht sich als Großeltern zurück, reagiert resigniert und beleidigt.

B. Man redet miteinander, kommt zu einer konstruktiven Lösung. Schließlich muss man seine Rolle als Großmutter oder Großvater erst finden.

C. Man zeigt den Kindern und Enkeln schon, dass man unverzichtbar ist. Man sieht doch, dass die «Kinder» Probleme bei der Erziehung haben.

Antwort B bietet Möglichkeiten für eine generations-übergreifende Erziehung

Großeltern müssen ihre Rolle allmählich finden – genauso wie es die Eltern tun, wenn Kinder geboren werden. Man braucht mithin Zeit und Gelassenheit, darf sich nicht unter Druck und Stress setzen. Wenn Enkelkinder kommen, müssen Eltern und Großeltern die Beziehung auf ein neues Fundament stellen.

Für die Großeltern gilt es, die Kinder, die nun selber Eltern sind, anders zu sehen, ihnen das Recht auf ein eigenständiges Leben und eine Bewältigung ihrer Erziehungsaufgabe zu lassen – das heißt auch, ihnen das Recht auf Fehler zuzubilligen. So wichtig und notwendig der Erfahrungsvorsprung der Großeltern ist, Lebensweisheit darf nicht zur Bevormundung und als Machtinstrument missbraucht werden.

Großeltern können Erziehungsaufgaben übernehmen, den Enkeln lebensgeschichtliche Kontinuität vermitteln – wobei klar sein muss, wer letztlich die Erziehungsverantwortung hat: die Eltern!

Einige Grundsätze können es Großeltern erleichtern, ihre Rolle zu finden:

- Bedenken Sie, dass Ihr Kind zum Vater oder zur Mutter geworden ist und nicht mehr bevormundet, sondern begleitet sein will.
- Geben Sie dann Hilfe und Unterstützung, wenn diese gewünscht werden – und zwar bedingungslos.
- Großeltern und Eltern müssen ihr Verhältnis auf eine neue Basis stellen, die umso tragfähiger ist, je mehr sich alle Beteiligten Räume und Zeiten lassen, sich zu entfalten.

Rollenspiele:
Warum sind sie für Kinder so wichtig? (100)

«Mein Benjamin, der ist jetzt zwei», so erzählt mir seine Mutter mit etwas verzweifeltem Gesichtsausdruck, «ich glaube, der spinnt nun völlig. Der macht aus einem Karton, in den er sich setzt, ein Flugzeug oder ein Boot, setzt sich auf den Stuhl und denkt, er ist in einem Rennwagen. Neulich war er einen halben Tag eine Dampflokomotive und rannte mit lauten Geräuschen durch die Wohnung. Der hat eine Wahnsinnsphantasie und spielt diese aus!»

«Wenn ich mit meinem Sohn, der ist knapp drei Jahre, zusammen bin, dann spielen wir immer wildes Tier und braves Tier!» Der Vater von Jonas schmunzelt: «Ich bin dann das brave Tier, und er macht einen auf wilde Sau! Und wehe, ich will der Wilde sein, dann flippt er komplett aus! Das muss immer nach seinem Kopf gehen. Was er sich vorgenommen hat, das muss dann auch so laufen! Da gibt es keine Kompromisse!»

Wie würden Sie sich verhalten?
A. Sie beobachten das Spiel, mischen sich aber nicht ein, stellen höchstens Requisiten zur Verfügung.
B. Sie machen sich schon Ihre Gedanken, ja Sorgen, wenn ein Kind wochen- oder monatelang in immer gleichen Abläufen sein Rollenspiel inszeniert, und versuchen es aus dem Kreislauf zu holen, damit es auf andere Gedanken kommt.
C. Hauptsache, das Kind spielt und ist mit sich selbst beschäftigt. Schaden wir es wohl nicht, und wenn's zu heftig wird, dann greife ich ein und unterbinde das Spiel.

Antwort A unterstützt die Kinder und deren Spiele

Das Rollenspiel bildet Kreativität und Phantasie aus. Rollen werden im Vorhinein abgesprochen. Es kommt besonders darauf an, sich emotional in Situationen zu begeben, diese zu erfühlen und sich darüber hinaus in ganz unterschiedliche Rollen – sei es das «gute» oder das «böse Tier», der «Starke» oder der «Schwache» – hineinzuversetzen. Diese Aufgabe fordert und fördert den Einfallsreichtum des Kindes. Dabei sind die Situationen und Rollen, in die das Kind eintaucht, meist mit jenen Themen verbunden, mit denen sich das Kind gerade beschäftigt und die es zu be- und verarbeiten gilt.

Das Motto für Eltern könnte beim Rollenspiel der Kinder lauten: Nicht einmischen! Aber begleiten und anregen! Um das an vier Aspekten zu konkretisieren:

1. Selbst wenn Kinder Vater und Mutter auffordern, mitzuspielen, bleibt das Kind der Regisseur. Eingriffe können dann vorkommen, wenn körperliche Gefahren oder Verletzungen drohen.
2. Rollenspiele haben einen Anfang und ein Ende. Von daher sind Absprachen über den Beginn, den Kinder zumeist selbst setzen, und auch ein zeitliches Limit unerlässlich. Dabei sollte man jedoch bedenken: Rollenspiele brauchen Zeit!
3. Eltern sollten Requisiten zur Verfügung stellen. Auch hier gilt der Grundsatz: Kein Perfektionismus!
4. Es macht Spaß, Kinder im Rollenspiel aus einer gelassen-zulassenden Distanz zu beobachten, Strukturen und Themen zu erkennen, die im Spiel enthalten sind. Aber man darf nicht alles mit einem diagnostisch-therapeutischen Blick betrachten, vielmehr kann man schmunzeln und nachdenklich werden über das, wie Kinder ihre Entwicklung und Nahwelt wahrnehmen und den Erwachsenen im Spiel den Spiegel vorhalten.

Frühreif:
Kann meine Tochter schon in der Pubertät sein? (101)

Christine, neun Jahre, zeigt immer häufiger Verhaltensweisen, die man sonst von Pubertierenden kennt. Körperlich ist sie allerdings davon noch weit entfernt. Doch in ihrem Verhalten steht sie den Vorstellungen, die man sich über diese Zeit macht, in nichts nach. In Streitsituationen reagiert sie schnippisch, wirkt unzugänglich, verschließt sich und ist zu keinem Gespräch der Schlichtung bereit. Friedensangebote lehnt sie überheblich ab: «Was wollt ihr eigentlich von mir?»

Wie verhalten Sie sich?

A. Sie versuchen, sich in die Tochter hinzuversetzen, was Ihnen manchmal nicht leichtfällt. Wenn Sie merken, der Streit eskaliert, unterbrechen Sie ihn von sich aus und setzen ihn fort, wenn sich die Situation nach einiger Zeit beruhigt hat.

B. Sie schicken Christine aus dem Zimmer, wenn sie ihren Wutanfall bekommt. Sie haben für so etwas überhaupt kein Verständnis, vor allem auch deshalb nicht, weil Sie manchmal wie die erfahrene «Besserwisserin» daherkommen, die für jedes Problem eine Lösung hat. Von ihr lassen Sie sich nicht die Butter vom Brot nehmen.

C. Sie diskutieren mit Ihrer Tochter das Problem aus, stehen den Konflikt durch. «Kneifen», so sagen Sie sich, «gilt nicht.» Auch wenn die Wogen hochgehen, die Situation eskaliert, dann muss man durch. Und wenn die Tochter den Raum verlassen will, dann bestehen Sie darauf, dass sie bleibt: «Du bleibst hier! Ich will das mit dir jetzt diskutieren! Erst dann kannst du gehen.»

Antwort A bietet eine Lösung an, aber manchmal kommt man um B wohl nicht herum

Viele Mädchen kommen schon früh in die Pubertät, ohne dass körperliche Veränderungen sichtbar sind. Für diese Mädchen passt der Begriff der Pubertät, abgeleitet aus dem lateinischen «pubes», am genauesten als «Schamhaar» übersetzt, nicht mehr. Gleichwohl haben bei diesen Mädchen die hormonellen Veränderungen (zum Beispiel die Östrogen-Produktion) schon eingesetzt. Die Folge ist eine große Zerrissenheit, die Spannung zwischen «himmelhoch jauchzend» und «zu Tode betrübt». Die Mädchen fühlen sich einerseits unleidlich, andererseits neigen sie zu Größenphantasien und einer Portion Überheblichkeit. Jeder kleinste – noch so wertvolle – Hinweis wird als Angriff auf die persönliche Integrität empfunden. Die eskalierende Situation lässt sich nicht beruhigen. Man geht dann besser für eine bestimmte Zeit auseinander, um sich später – wenn sich alle emotional heruntergefahren haben – zusammenzusetzen, um in Ruhe den Streitanlass zu besprechen, die Positionen zu verdeutlichen und einvernehmliche Lösungen zu finden.

Klauen: Was mache ich, wenn mein Kind auf frischer Tat ertappt wurde? (102)

Jannik, 14 Jahre, hat versucht, in der Sportabteilung eines Kaufhauses eine Baseballkappe «mitgehen zu lassen». Dabei hat ihn eine Verkäuferin beobachtet und zur Rede gestellt. Als die Direktion des Kaufhauses bei Janniks Eltern anruft, fallen diese aus allen Wolken. Jannik streitet den Diebstahl auch nicht ab, versucht allerdings, den Vorfall herunterzuspielen, schließlich würden alle klauen, das sei eine Art Sport und die Eltern hätten ja früher auch Äpfel aus Nachbars Garten geklaut!

Wie verhalten Sie sich?

A. Eigentlich hat Jannik ja recht, man sollte das nicht so hochspielen. Stehlen gehört schließlich irgendwie zur Pubertät, weil das einen besonderen Kick gibt!

B. Sie überlegen sich, ob Sie Ihrem Sohn zu wenig Taschengeld geben und dass er deshalb zu solchen indiskutablen Maßnahmen greifen muss. Und vielleicht hat er ja auch Freunde, die Druck auf ihn ausüben! Sie werden in der nächsten Zeit alles genauer beobachten!

C. Natürlich gehören Grenzüberschreitungen zur Jugendkultur. Doch bei allem Verständnis können Sie das Verhalten Ihres Sohnes nicht akzeptieren. Sie werden ihm zwar keine Moralpredigt halten, ihm aber doch klarmachen, dass Sie sein Verhalten missbilligen und er mögliche Konsequenzen (Hausverbot, Strafe zahlen etc.) aushalten muss.

Ich würde Eltern Antwort C nahelegen

Schnaufen Sie erst mal durch, bevor Sie sich zu rigiden erzieherischen Maßnahmen hinreißen lassen. Nur weil ein Heranwachsender klaut, ist damit noch nicht eine kriminelle Karriere vorgezeichnet. Und die Verhaltensweise von Jannik wirft kein trübes Licht auf die Eltern und deren pädagogische Kompetenzen. Grenzüberschreitungen gehören für manche Pubertierende dazu, sind Bestandteil einer Jugendkultur, die sich an gesellschaftlichen Normen reibt. Doch bei allem Verständnis dürfen Erziehungspersonen das Stehlen nicht bagatellisieren oder gar verharmlosen. Deshalb ist es wichtig, dem Jugendlichen die strafrechtlichen Konsequenzen seines Tuns klarzumachen. Unabhängig davon kann es für Eltern wichtig sein, nach dem Motiv für den Diebstahl zu suchen:

– Ist der Heranwachsende das erste Mal erwischt worden? Dann ist es selbstverständlich, dass er sich für seine Tat entschuldigt. Viele Jugendliche ziehen daraus ihre persönlichen Konsequenzen und versuchen es nicht noch ein weiteres Mal.
– Ist es eine Wiederholungstat, klaut der Jugendliche regelmäßig? Dann wäre nach den Gründen für sein Handeln zu suchen und möglicherweise eine Beratungsstelle aufzusuchen.
– Bedeutet der Diebstahl eine Mutprobe, um sich einen «Kick» zu verschaffen?
– Hat der Heranwachsende eine geringe Frustrationstoleranz, kann Bedürfnisse nicht aufschieben und versucht, seine Wünsche direkt umzusetzen?
– Besitzt der Pubertierende kein Unrechtsbewusstsein und ist sich der strafrechtlichen Konsequenzen seiner Tat nicht bewusst?

Egal, welche Frage zutrifft: Eine gelassene, gleichwohl konsequente Reaktion, die rechtliche Aspekte einschließt, zeitigt nachhaltigere Wirkung als eine überzogene, mit Verboten drohende Maßnahme.

226

Unsichtbare Freunde:
Was mache ich, wenn mein Sohn ständig mit ihnen redet? (103)

Der fünfjährige Max denkt sich ständig Phantasiefiguren aus. Manchmal landen Männchen vom Mars auf dem Dach des elterlichen Hauses, in der Wand seines Kinderzimmers wohnen bärenstarke Ritter, vor sein Bett legt er Schokolade, die er mit einem Zaubermittel versetzt hat, damit die Krokodile, die nachts unter seinem Bett wohnen, ihn nicht fressen, sondern von der verzauberten Schokoladen betäubt werden. Und dann ist da noch Jimmy, sein unsichtbarer Freund, der ihn überallhin begleitet, der ihn beschützt und mit dem er alle Sorgen besprechen kann. Max lebt selbstzufrieden in einer Phantasiewelt, die er sich geschaffen hat.

Wie verhalten Sie sich?

A. Sie lassen Ihrem Sohn diese Traumwelt, weil Sie wissen, dass diese selbstgestalteten Vorstellungen und Figuren den Sohn realitätstüchtig werden lassen. Wenn er allerdings zu sehr abdriftet, dann holen Sie ihn sanft in die Wirklichkeit zurück – denn auch Ritter müssen mal schlafen, und Marsmännchen kann man zurückschicken!

B. Sie machen sich ernsthaft Sorgen darüber, dass bei Ihrem Sohn Phantasie und Realität ineinander übergehen, dass er beides nicht mehr voneinander unterscheiden kann. Sie erklären ihm, dass es keine Marsmännchen, keine Ritter in der Wand und keine Krokodile unterm Bett geben kann! Wenn er zu sehr in seine Phantasiewelt verschwindet, maßregeln Sie ihn vorsichtig, aber bestimmt, er solle mit dem «Spinnen» aufhören.

C. Sie erfreuen sich an dem Ideenreichtum, an den Geschichten Ihres Sohnes, kaufen ihm Kinder- und Bilderbücher, die seine Phantasie weiter beflügeln sollen.

Antwort A ist eine phantasievolle Variante, Antwort C kommt eher pädagogisch daher

Es gibt im Leben eines Kindes nicht nur Momente des Glücks; Trauer, Schmerz und Tränen gehören dazu. Das gilt vor allem für jene Ängste, die Kinder diffus-verschwommen, unbestimmt-unklar, unverständlich-nebulös erleben. Kinder befreien sich daraus: Sie sehen gruselige Ungeheuer, damit sie ihrer Angst ein Gesicht verleihen, in das sie blicken können. Und Kinder halten Kuschel- und Schmusetiere in der Hand, um Phasen der Trennung auszuhalten. Andere erfinden unsichtbare Gefährten, unsichtbar nur für Erwachsene, für Kinder sind sie zum Greifen nah, Phantasiefiguren, die mit ihnen durch dick und dünn gehen, für eine Zeitlang untrennbar mit ihnen verbunden sind. Eltern haben Probleme damit, weil sie meinen, das Kind würde aus der Realität fliehen, gar Wirklichkeit und Phantasie vermischen. Aber ganz im Gegenteil: Solche Figuren und Freunde sind für die gefühlsmäßige Entwicklung des Kindes außerordentlich wichtig. Die Gefährten und Freunde fungieren als Kleister, um Löcher im manchmal noch lückenhaft intellektuellen Lernprozess zu stopfen – und sind ungefährlich für das Kind. Es lässt sich ja freiwillig auf sie ein, es bestimmt über sie, es lenkt sie, das Kind besetzt die Figuren und Freunde mit eigenen Wünschen.

Um die Bedeutung von Phantasiefiguren und unsichtbaren Freunden zu erkennen, ist es erforderlich, die kommunikative Umwelt des Heranwachsenden zu beleuchten, seine motorische, psychische, emotionale und kognitive Entwicklung, die er durchläuft, zu beachten. Unsichtbare Spielgefährten werden erst dann zu einem Problem, wenn sie die Isolation von Kindern kompensieren, wenn sie einen Ersatz für die Wirklichkeit darstellen. Kommt es zu einer Verschmelzung zwischen Phantasiefigur und dem eigenen Ich und geht die Persönlichkeit ganz im unsichtbaren Gefährten auf, dann ist das problematisch, weil die Phantasiefigur zu einer psychischen Prothese wird, um das gebrochene Selbst aufrechtzuerhalten.

Angeberei:
Warum braucht mein Kind das ständig? (104)

Sie könne es sich schon nicht mehr anhören, erzählt mir Pia Bauer, Mutter des fünfjährigen Lars, und hält sich mit beiden Händen ihre Ohren zu: «Seine ständigen Vergleich mit anderen Kindern, wie gut er doch sei. Er könne höher klettern, schneller mit dem Roller fahren, habe mehr Legos und Playmobil-Figuren. Dabei stimmt das alles gar nicht!»

Bei ihr sei es ähnlich, fährt Martina Schneider fort. «Meine Sabrina, die wird jetzt bald sieben, die absolute Aufschneiderin, das kann ich Ihnen sagen! Die hebt sich ständig von den anderen Kindern ab, will immer die Bessere, die Schnellere, die Klügere sein, will nur bestimmen.» Die Mutter macht ein bedenkliches Gesicht: «Woher hat sie das nur? Und was hat es mit dieser Angeberei auf sich?»

Wie verhalten Sie sich?

A. Sie reglementieren Ihr Kind, dass es solch unangemessene Verhaltensweisen zukünftig unterlässt, machen es auf die Folgen seines angeblichen Verhaltens aufmerksam.

B. Sie suchen die Gründe der «Angeberei» bei sich, forschen der Frage nach, warum Ihr Kind wohl das Bestreben hat, so im Mittelpunkt zu sehen.

C. Das ist zwar nicht «schön», wenn sich das eigene Kind so produziert, aber trotzdem ist es kein «Monster». Ich werde mein Kind, die Situationen, in denen es sich in den Mittelpunkt stellt, genauer beobachten und im Gespräch mit dem Kind bleiben.

Antwort C bleibt beim Kind, die Antwort B bietet auch Ansätze

Einem «Aufschneider» nur damit zu kommen, er solle mit dem Angeben aufhören, weil es andere nerven würde, ist wenig folgenreich, stecken hinter der Angeberei doch höchst verschiedene und komplexe Ursachen:

- Das Kind, das ständig und ununterbrochen auf das verweist, was es alles besser kann oder mehr hat, das sich immer mit anderen Kindern vergleicht und misst, um sich über sie zu erheben, handelt nicht selbstbewusst, vielmehr aus einem permanenten Gefühl der Unterlegenheit heraus.

- Minderwertigkeitsgefühle, die auf einem fehlenden Selbstvertrauen gründen und die mit eigener Unsicherheit einhergehen, sind ein wesentliches psychisches Fundament, auf dem permanente Angeberei gründet.

- Kinder, die immer und in jeder Situation den Ton angeben wollen und müssen, sind getrieben von einem starken Geltungsbedürfnis, um eigene Schwächen zu verbergen. Nicht selten sind es entmutigte Kinder, die sich in Angeberei flüchten. Es sind häufig Kinder, die im Alltag ständig kritisiert werden, die man darauf verweist, was sie alles nicht können. Gerade Kinder, die über wenig Erfolgserlebnisse verfügen, verleugnen eigene Schwächen und steigern sich parallel dazu in Größenphantasien.

«Aber was tun mit einem Angeber?», so lautet eine immer wieder gestellte Frage von Eltern. Angeberei lässt sich nicht vermeiden, aber man kann damit umgehen lernen. Zunächst geht es darum, dass Kinder sich selbst auch dann akzeptieren können, wenn sie Fehler gemacht haben. Kinder zu ermutigen, heißt vor allem auf die Stärken des Kindes zu achten.

Das alles hilft nicht, Angeberei zu verhindern, aber doch vielleicht, im angebenden Kind kein «Monster» zu sehen, sondern eines, das sich auf den Weg gemacht hat und dabei Begleitung und Ermutigung braucht.

Petzen! Wie gehe ich damit um? (105)

Die dreijährige Marlene kommt zum wiederholten Male zu ihrer Mutter gerannt, weil ihre gleichaltrige Freundin ihr «ständig etwas wegnehmen» würde. Mit heller Stimme und traurigen Augen schluchzt sie: «Die nimmt mir immer alles weg!»

Max, sieben Jahre, erzählt seiner Mutter beim Mittagessen davon, dass sein Freund Justus ihm auf dem Nachhauseweg «Silvesterböller» gezeigt habe. Die habe der bei seinem älteren Bruder gefunden. Morgen bringe er noch Streichhölzer mit, und dann wolle er «die Böller hochgehen lassen».

Wie verhalten Sie sich?

A. Sie ignorieren Marlenes Anklagen, weil Sie sich nicht überall einmischen wollen. Max' Geschichten sind für Sie «Spinnereien», die man nicht überbewerten darf, weil Max ohnehin zu Übertreibungen neigt.

B. Auch wenn Ihnen Marlenes Petzereien auf den Nerv gehen und Max zu Übertreibungen neigt, so nehmen Sie sich vor, die Äußerungen der Kinder ernst zu nehmen. Bei Marlene versuchen Sie herauszufinden, was hinter ihren Anklagen stecken könnte. Max' Äußerungen nehmen Sie für bare Münze und überlegen gemeinsam mit Max, ob man Justus' Eltern informieren soll.

C. Sie weisen Marlenes Freundin freundlich, aber bestimmt zurecht und rufen unverzüglich Justus' Mutter an, um sie aufzuklären.

Antwort B zeigt einen kompetenten Umgang mit dem «Petzen»

Will man auf Petzen angemessen reagieren, dann ist es vonnöten, sich die Situationen und die damit einhergehenden Motive der Kinder genauer anzuschauen. Im Vorschulalter versetzen sich Kinder nur schwer in die Situation anderer Kinder. In Marlenes Anklage geht es nicht wirklich darum, ihre Freundinnen zu schädigen. Es geht ihr ausschließlich um ihre eigenen Belange. Sie will Hilfe und Unterstützung, die natürlich nicht so aussehen darf, dass Marlenes Mutter den Konflikt für ihre Tochter löst. Ein Ansatzpunkt läge darin, mit Marlene darüber zu reden, wie sie sich gegenüber ihrer Freundin behaupten kann.

Anders stellt sich die Situation bei Max dar. Er kommt mit dem Konflikt, in den er geraten ist, nicht klar. Er offenbart sich seiner Mutter in der Hoffnung, von ihr Unterstützung zu erhalten. Für die Eltern stellt das nicht selten einen Balanceakt dar: Soll ich meinem Kind Glauben schenken? Wie reagiere ich angemessen? Max' Mutter hat dann in Rücksprache mit ihrem Sohn bei Justus' Mutter angerufen, die dankbar für das Telefonat war, entdeckte sie doch so nebenbei ein kleines Lager an Böllern.

Petzen ist nicht gleich Petzen und deshalb kann es auch nicht den einen richtigen Tipp geben, wie man angemessen damit umgehen kann. Einige Gedanken können aber hilfreich sein:

- Genaues Zuhören hilft, die Motive und die Hintergründe für das Petzen zu erkennen.
- Durch das Zuhören ist man im Kontakt zum Kind und gibt ihm Aufmerksamkeit.
- Schließlich: Wenn Gefahr im Verzug ist, dann muss man eingreifen, vor allem dann, wenn Kinder bei eigenständigen Konfliktlösungen überfordert sind und Begleitung brauchen. Doch genauso wichtig ist es, die Selbständigkeit des Kindes zu fördern, ihm die Gewissheit zu geben, viele Konflikte selber zu lösen.

Trotzanfälle:
Woher kommen sie, und was können Eltern tun? (106)

Lukas, zweieinhalb Jahre, flippt, wie seine Eltern es formulieren, von «jetzt auf gleich» aus. Seine Mutter schüttelt ihren Kopf: «Mal reicht es, wenn seine Gabel nur einen Millimeter anders liegt, als er es gewohnt ist, mal, wenn ich nur vorsichtig sage, er soll sich jetzt seine Hände waschen ...» Sie lächelt: «Die kleinste Kleinigkeit, die ihm nicht passt, und er rastet völlig aus.» Es wäre zum Wahnsinnigwerden.

Wie verhalten Sie sich?
A. Sie versuchen, ihn mit allen Mitteln – sprachlich wie körperlich – aus dem Trotzanfall zu holen, Sie wollen ihn mit aller Macht beruhigen, ihn auf den Boden der Tatsachen zurückholen.
B. Sie haben es schon häufiger erlebt: Der Trotzanfall kommt schnell, der Trotzanfall geht genauso schnell zu Ende. Aber es ist wichtig, in dieser Situation beim Kind zu bleiben, zu ihm zu stehen. Wenn der Trotzanfall schon nicht zu verhindern ist, dann muss man ihn gemeinsam mit dem Kind – irgendwie – durchstehen.
C. Sie lassen ihn in seinem Trotzanfall allein, weil Sie wissen, dass er sich schon beruhigen wird – irgendwie. Das wissen Sie aus Erfahrung.

Auch wenn es manchmal schwierig ist, ich bevorzuge Antwort B

Trotzanfälle weisen eine spezifische Dramaturgie auf. Sie gleichen einem Gefühlsdrama in mehreren Akten, an dessen Ende ein Happy End mit erschöpften Mitspielern steht:

1. Akt: Das Kind will etwas und setzt sich nicht durch. Oder das Kind überschätzt sich in seinem Können und scheitert ständig – und so weiter. Der Trotzanfall hat viele Hintergründe. Der Auslöser ist mehr oder minder nebensächlich.

2. Akt: Das Kind rastet komplett aus. Weder beruhigende Worte noch Strafen, Schreien, schon gar nicht Schläge vermögen das Kind zu beruhigen. Auch die Dauer des «Anfalls» lässt sich nicht pädagogisch steuern: Manche Kinder flippen eine Minute aus, andere fünf oder zehn, und dann gibt es Kinder, die eine Viertelstunde und länger trotzen können. Das Kind schreit, strampelt, schlägt um sich. Am Ende des zweiten Aktes steht die totale Erschöpfung des Kindes. Aber das Kind wirkt entspannt!

3. Akt: Hatte das Kind eben noch jede Berührung schroff abgelehnt, auf ein freundliches Lächeln der Eltern mit noch lauterem Schreien reagiert – nun streckt es die Arme aus, lässt sich anfassen, schmiegt sich fest an Mutter oder Vater, schnauft tief aus, den letzten Rest an Stress ausatmend. Mit einem Male lächelt es seine Eltern an, als wäre rein gar nichts gewesen. Und tatsächlich: Kinder können sich nach einem Trotzanfall kaum noch an das erinnern, was nur Augenblicke davor abgelaufen ist.

Deshalb hat das Kind hinterher auch kein schlechtes Gewissen. Es fühlt sich nicht schuldig, hat sich der Trotz doch gar nicht gegen Vater und Mutter gerichtet. Kinder, die ausgerastet sind, wollen nicht alleingelassen, in die Ecke gestellt oder in ein Zimmer geschlossen werden, sondern das Gefühl vermittelt bekommen, dass die Eltern sie nach wie vor mögen.

Nächtliches Aufwachen:
Muss ich zu meinem Kind gehen? (107)

Patricia, vier Jahre, wacht jede Nacht auf, wimmert, mal laut, mal leise, verlangt meist mit klagendem Unterton nach ihrer Mutter.

Bei Jannik, drei Jahre, ist es ähnlich. Er wird wach, fängt an zu weinen und wird erst ruhig, wenn ein Elternteil zu ihm kommt, ihn tröstet und beruhigt.

Wie verhalten Sie sich?

A. Wenn man erst mal damit anfängt, zum Kind zu gehen, dann schleift sich das ein, und man macht sich zum Sklaven des Kindes. Kinder können sich auch von allein beruhigen, auch wenn es länger dauert!

B. Kinder brauchen schon Nähe und Geborgenheit, gerade in der nächtlichen Dunkelheit, wenn sie sich allein fühlen. Aber man sollte nicht jedes kleine Geräusch, das aus dem Kinderzimmer kommt, zum Anlass nehmen, sofort dorthin zu stürmen. Kurze Momente der Unlust können Kinder sehr wohl aushalten, wenn sie um elterliche Nähe wissen!

C. Ich stehe auf, nehme das Kind aus dem Bett und hole es ins elterliche Schlafzimmer, damit es Geborgenheit erfährt und sich beruhigt.

Ich favorisiere Antwort B, aber auch C macht manchmal Sinn

Ein Kind, das nachts weint, will Beziehung, Unterstützung. Bekommt es diese nicht, schläft es unruhiger ein, wacht häufiger auf, um sich mütterlicher und väterliche Nähe zu vergewissern. Darum ist elterliche Hilfestellung beim Erwachen wichtig. Aber es gilt, eine Mitte zu finden: Gibt man zu viel oder zu wenig Aufmerksamkeit, kann sich das Problem verselbständigen. Nicht jedes leise Gewimmer sollte zum Anlass genommen werden, sofort mit Blaulicht ins Kinderzimmer zu rennen. Kurze Momente der Unlust können Kinder aushalten, wenn sie sich in der Beziehung sicher und aufgehoben fühlen. Sitzt die Verunsicherung tiefer, werden die Kinder lautstark um Hilfe nachsuchen. Ein zu früher Eingriff macht Kinder unselbständig, hält sie davon ab, selbst nach einer Lösung für den Frust zu suchen – beim Kuscheltier und dem Schmuseobjekt, bei T-Shirt oder Nachthemd der Mutter, das unter dem Kissen liegt.

Zwar mag die Formel richtig sein: Was man in einem bestimmten Altersabschnitt nicht lernt, erlernt man später mühsamer und unter erschwerten Bedingungen. Doch zugleich stimmt nun einmal: Man kann Fünf- oder Sechsjährigen das eigene Bett mit Argumenten wesentlich schmackhafter machen als Zweijährigen die sich nach Zuwendung und Nähe sehnen. Und man sollte auch nicht vergessen: Gerade wenn Kinder tagsüber eigene Wege gehen und autonom handeln, ihre Eltern kaum brauchen, suchen sie nachts Geborgenheit, um für den kommenden Tag aufzutanken. Doch Eltern sind eben auch keine uneigennützigen Tankstellen! Sie haben das Recht auf einen ungestörten, gesunden Schlaf, weil auch sie Energien für ihre Aktivitäten brauchen.

Warum macht mein Sohn aus allem eine Waffe? (108)

Der dreijährige Raphael hat großen Spaß daran, mit allem, was ihm in die Hände kommt, «herumzuballern», wie seine Eltern sagen – egal, ob es sich um einen Lego-Stein, eine Playmobil-Figur, einen Ast oder einen Esslöffel handelt. Er hat großen Spaß daran, in jeglicher nur denkbarer Situation «den Krieger» zu spielen. «Und je mehr wir eingreifen», so die Eltern, «je mehr wir ihm das verbieten, umso schlimmer wird das. Wo soll das nur enden?»

Wie verhalten Sie sich?

A. Auch wenn das Verbot nichts bringt, so zeigen Sie Ihrem Sohn die Grenzen auf. Bei diesen Spielen verstehen Sie keinen Spaß, weil Sie nicht wissen, ob daraus irgendwann Ernst und Ihr Sohn ein Waffennarr wird.

B. Sie erklären Ihrem Sohn, dass es überall auf der Welt Krieg gibt und dass durch den Gebrauch von Waffen auch viele Kinder sterben. Ihr Motto lautet: «Wehret den Anfängen!» Besser jetzt die Auseinandersetzung aushalten als später die Folgen tragen.

C. Sie spüren: Verbote führen zu nichts, aber wenn Sie alles laufenlassen, können Sie das nicht mit Ihrer moralischen Überzeugung in Einklang bringen. Sie treffen mit Ihrem Sohn eine Absprache: Zu bestimmten Zeiten und in bestimmten Räumen darf er mit seinen «Kanonen» spielen, aber nach klar vorgegebenen Regeln. Missachtet er diese, hat das Spiel ein Ende.

Mit Antwort C fährt man am besten

Degen, Pfeil und Bogen sind Waffen, die für die Kinder vom dritten bis zum fünften Lebensjahr, manchmal früher, manchmal später, symbolische Bedeutung haben. Mit ihnen fühlt man sich stark, mit ihnen kann man sich gegen alle möglichen wilden Tiere und gefährlichen Räuber zur Wehr setzen, seine Ängste von Vernichtung und Zerstörung bearbeiten. Verbietet man Kindern diese Gegenstände, dann wird aus jedem noch so waffenfernen Ding eine «Kanone»: aus dem Lego-Stein, dem Löffel oder der Banane. Man muss die Waffen nicht überall dulden! Man legt eine «waffenfreie» Zeit fest und jene Zeiten, in denen sie Verwendung finden können. Und man muss klare Regeln formulieren: zum Beispiel nicht auf Menschen oder Tiere zielen. Wenn Kinder sich so angenommen fühlen, verliert die «Kanone» schnell an Faszination. Hier noch ein paar weitere Tipps:

- Verbote führen nur dazu, dass man diese Waffen heimlich verwendet. Man sollte sie im Kindergarten oder in der Schule, zum Beispiel im Fasching, nicht gänzlich verbieten. An anderen Tagen bittet man darum, mitgebrachte Pistolen in der Garderobe liegen zu lassen. Kinder fühlen sich dann in ihrem Wunsch, solche Gegenstände zu besitzen, verstanden, zugleich respektieren sie aber, dass man diese Gegenstände nicht überall hin mitnehmen muss.
- Wenn Jungen ständig Wünsche nach einer Pistole äußern, kann man diesem Drang nachgeben – allerdings zugleich klare Regeln für den Umgang aufstellen: zum Beispiel, dass es pistolenfreie Zonen gibt, dass es Zeiten gibt, in denen man diese Pistolen nicht benutzen darf, dass kein Kind gezwungen werden darf, an diesen Spielen teilzunehmen, und dass die Kinder, die unbeteiligt sind, aus den Aktivitäten mit den Pistolen komplett herausgehalten werden.

Was tue ich, wenn meine Tochter bei ihrem Freund übernachten will? (109)

Die 13-jährige Maren ist in Alex, 16 Jahre, verliebt. «Er ist ein netter Kerl», meint Marens Mutter. «Ich finde ihn auch toll!» Sie stockt: «Aber neulich hat meine Tochter mir gesagt, sie möchte mit Alex schlafen.» Die Stimme von Marens Mutter kriegt einen etwas schrillen Klang: «13 Jahre! Das ist zu früh, viel zu früh!» «Und was sagt Ihr Mann dazu?», bin ich neugierig. Sie winkt ärgerlich ab: «Der hält sich da raus, will davon nichts wissen. Das wäre eben Frauensache.» Marens Mutter sieht mich ratlos an: «Aber wenn ich es ihr verbiete, komme ich mir irgendwie auch komisch vor, richtig prüde.» Sie zuckt mit den Schultern: «Wie meine Eltern eben!» Sie schüttelt ihren Kopf: «Aber ich will's doch verhindern!»

Wie verhalten Sie sich?

A. Sie überzeugen Ihren Mann, dass er mit Alex redet, damit der Freund sich seiner Verantwortung bewusst wird. Und wenn Ihr Mann das Gespräch nicht führen will, dann nehmen Sie sich Alex «zur Brust».

B. Sie verbieten Ihrer Tochter jeglichen Kontakt mit Alex, damit sie «auf andere Gedanken kommt und nicht nur Jungs im Kopf» hat. Sie nehmen sich vor, Maren genauer zu kontrollieren, ein Auge auf sie zu werfen.

C. Sie suchen das Gespräch mit Ihrer Tochter, gehen auf ihre Argumente ein, versuchen, Maren und ihre emotionalen und sexuellen Bedürfnisse zu verstehen. Doch bei allem Verständnis machen Sie ihr klar, dass Sie dagegen sind, dass Ihre Tochter mit Alex schläft. Sie bleiben auch dann bei Ihrer Haltung, wenn die Tochter aufbegehrt und Widerstände zeigt.

Ich tendiere zu Antwort C, aber manchmal ist A eher angesagt

Um eines vorweg zu sagen: Verhindern lässt es sich nicht wirklich oder genauer: Nur die Tochter kann es verhindern. Ganz offensichtlich hat Maren mit ihrer Mutter über ihren Wunsch geredet und damit eine Offenheit an den Tag gelegt, auf die man bei diesem heiklen Thema aufbauen kann. Maren ist sich offensichtlich auch nicht ganz sicher, ob sie mit ihrem Freund schlafen will oder nicht. Maren ruft die Mutter als Instanz an, die über Lebenserfahrung verfügt. Sie will ihren Rat, aber keinen moralinsauren Ratschlag. Mein Tipp für diese Situation: Reden Sie mit Ihrer Tochter, machen Sie ihr Ihre eigene Position klar: «Ich finde, das ist zu früh! Lass dir noch Zeit!» Nur erwarten Sie nicht, dass Ihre Tochter dann freudestrahlend aufspringt und sich für Ihre Meinung bedankt! Darauf kommt es auch gar nicht an. Viel wichtiger ist es doch, wenn sie zu ihrem Freund sagt: «Ich würde ja, aber meine Eltern haben es verboten!» Dann müssen Sie zwar als Sündenbock herhalten, aber das können Sie bestimmt aushalten!

Gerade der letzte Gesichtspunkt scheint mir zentral. Es ist wichtig, Pubertierenden das Land der Freiheit zu gestatten, weil sie sich nur so ausprobieren können. Aber dieses Land können sie nur genießen, wenn sie von einem sicheren Hafen wissen, in den sie einlaufen können, wenn die Stürme toben. Dieser Hafen sind die Eltern, die Wurzeln darstellen, an denen sich die Heranwachsenden festhalten können.

Natürlich wollen es Vater und Mutter – gerade beim Thema «Sexualität» – anders machen als die eigenen Eltern, wollen deren sexualerzieherischen Mief, wollen deren Reglementierung und Fehler vermeiden – indem sie andere Fehler machen. Der Grat von pädagogischer Gelassenheit zu erzieherischer Gleichgültigkeit ist schmal. Deshalb: Wenn Sie nicht wollen, dass Ihre Tochter beim Freund übernachtet, dann artikulieren Sie das – auch wenn Sie die eigenen Eltern im Hinterkopf schmunzeln sehen.

Pünktliches Nachhausekommen:
Ist es richtig, wenn ich darauf bestehe? (110)

Janina ist 15, ihr Freund Thomas 17. Janina will am Wochenende bis «3 oder 4 Uhr auf die Piste, weil es alle anderen auch dürfen!». Janinas Eltern bestehen auf 23 Uhr, es sei denn, sie besucht eine private Party, dann erlauben sie ihr, länger wegzubleiben. Aber nur, «wenn Thomas dich nach Hause bringt oder wir dich abholen!». Janina findet das Verhalten ihrer Eltern «völlig kleinkariert. Mir traut man nichts zu, behandelt mich wie ein Baby!»

Wie verhalten Sie sich?
A. Sie geben nach, wollen nicht so sein, schließlich «dürfen ja alle!». Und außerdem hat eine gewisse Großzügigkeit noch niemand geschadet.
B. Sie drohen mit Hausarrest, wenn sie sich nicht an die klaren Regelungen hält.
C. Sie erklären Ihrer Tochter, dass Sie als Eltern eine Erziehungsverantwortung haben. Sie bleiben beharrlich, auch wenn auf Seiten der Tochter zunächst keine Einsicht besteht.

Antwort C enthält eine Klarheit für alle Beteiligten

Es gibt ein Jugendschutzgesetz, das festlegt, wann 15-Jährige zu Hause sein müssen! Und selbst dann sind da noch die persönlichen Einschätzungen der Eltern: Manchmal sind 15-Jährige so reif, dass sie in privaten Räumen bis Mitternacht oder danach fortbleiben dürfen, manche sind dagegen noch so unselbständig, dass die zeitlichen Grenzen enger gesteckt werden müssen. Es ist überhaupt nicht kleinkariert, wenn Eltern auf einer zeitlichen Grenze bestehen, selbst wenn das von Heranwachsenden als «voll peinlich» empfunden wird. Oder die Kinder mit dem Argument «Alle anderen dürfen!» elterliche Positionen aufweichen möchten. Meine Idee: Bestehen Sie auf einer festgelegten Zeit (ob nun 22, 23 oder 24 Uhr). Und für private Feiern legen Sie eine andere zeitliche Grenze fest, sodass Ihre Tochter länger wegbleiben kann und ihr damit das Gefühl gegeben wird, «erwachsener» zu sein.

Zickenalarm:
Was mache ich, wenn es zwischen meiner Tochter
und ihren Freundinnen ständig funkt ? (111)

Sie finde es schon schlimm, erklärt mir eine Mutter, wie die Mädchen sich untereinander «anzicken». Das wäre dermaßen schlimm: Mal käme ihre Tochter heulend angerannt, dann hat sie jemanden zum Weinen gebracht.

Wie verhalten Sie sich?

A. Sie halten sich aus dem Streit heraus, allerdings nehmen Sie Ihre Tochter in den Arm, trösten sie, wenn sie verzweifelt ist. Oder mahnen sie zu einem fairen Verhalten gegenüber anderen Mädchen, falls Sie unsoziale Handlungen bei Ihrer Tochter beobachten.

B. Sie halten sich komplett aus dem Streit heraus, weil sich die Zickereien irgendwann legen – nach dem Motto: «Pack schlägt sich, Pack verträgt sich!»

C. Bei diesen «Zickenkriegen» darf man nicht zusehen, deshalb mischen Sie sich sehr wohl ein, um den Mädchen zu zeigen, dass man respektvoll miteinander umgehen kann. Wo sollen sie es denn sonst lernen, wenn nicht durch die pädagogische Intervention eines Erwachsenen?

Manchmal passt Antwort A, manchmal C, das hängt von der Situation ab

Umgangssprachlich nennt man das Alter zwischen dem siebten und elften Lebensjahr auch das «Zickenalter». Mädchen können äußerst gemein und fies untereinander sein – Jungen natürlich auch, ja geradezu brutal. Jungen sprechen sich dann mit «Du blöder Wichser», «Du schwule Sau» an. Mädchen vermeiden meist solche groben Worte, können aber genauso beleidigend und herabsetzend sein. Nur heißt es da: «Du bist nicht mehr meine Freundin!», oder: «Ich lade dich nicht mehr ein!» Man sollte sich aus dem Streit der Mädchen heraushalten, aber dann, wenn sie todtraurig daherkommen, sie in den Arm nehmen, ihnen Trost zusprechen. Man kann auch mit einem Mädchen unter vier Augen reden, wenn man meint, es hat die Grenzen des zwischenmenschlichen Miteinanders überschritten, Achtung und Respekt voreinander verletzt. Man kann durchaus deutlich seine Meinung sagen, wenn man der Auffassung ist, hier werden Normen und Werte verletzt, aber so, dass das angesprochene Mädchen diese Meinung annehmen kann. Wer Mädchen vor anderen herabwürdigt, nur weil man der Auffassung ist, man müssen den «Täter» zur Rede stellen und sich mit dem «Opfer» solidarisieren, erreicht häufig das Gegenteil, nämlich «Zickereien» durch moralische Überheblichkeit oder Besserwisserei einzugrenzen. Diese Erziehungshaltung hilft nicht weiter.

Zwischen Partnerschaft
und Autorität – Nachgedanken

Die populäre Erziehungsliteratur, die Erziehungsratgeber, die Eltern-
zeitschriften, aber auch die Vielzahl an Angeboten zur Elternbildung
haben zweifellos das Erziehungswissen von Eltern enorm vertieft
und differenziert. Eltern von heute wissen sehr viel über ihre Kinder,
vor allem darüber, wie man sich in bestimmten Konflikt- und Pro-
blemsituationen verhält, besser: verhalten sollte. Dabei werden ihnen
manchmal (Ideal-)Lösungen vorgeschlagen, die sich im realen Famili-
enalltag nur begrenzt umsetzen lassen. Verhält das Kind sich nicht so,
wie man es gelesen oder in Elternbildungskursen erfahren hat, sind
Minderwertigkeits-, Schuld- oder gar Versagensgefühle die Folge.

So viel Eltern über Erziehung wissen, so lückenhaft sind manchmal
ihre Informationen über die Entwicklung von Kindern. Erziehung ist
nicht einfach nur die Anwendung von bestimmten Techniken, wie es
die Tipps in Ratgebern und Kursen manchmal suggerieren. Anders
formuliert: Im kindlichen Handeln drückt sich eben nicht allein nur
ein elterlicher Erziehungsstil aus, kindliche Handlungsmuster sind zugleich Spiegel von Entwicklungsstufen, die ein Kind durchläuft, sind
Ausdruck seines Temperaments, seines Charakters oder seiner Individualität. Und gerade dieser Gedanke wird in vielen Konzepten der
Elternbildung ausgeblendet oder nicht so klar benannt: Es gibt keine
Reifung, keine Entwicklung ohne Reibung, keinen Entwicklungspro-
zess, der nur geradlinig, ohne Widersprüche verläuft. In jedem Ent-
wicklungs- und Reifeschritt, den ein Kind durchläuft, ist immer auch
das Gegenteil von dem enthalten, was sich Eltern wünschen. Sie wollen autonome, selbstbewusste Kinder, die eigenständig handeln – nur
richten sich solche Persönlichkeitsmerkmale nicht selten auch gegen
elterliche Bedürfnisse. Kinder lösen sich aus der Eltern-Kind-Einheit,
sie wollen losgelassen werden. Und je mehr die Eltern halten, ja festhalten, desto mehr Energie benötigen Kinder, um sich abzugrenzen.

Elternbildung hat somit die Aufgabe, nicht nur Erziehungstechniken zu vermitteln oder zu zeigen, wie man in alltäglichen Konfliktsituationen am «besten» handelt! Dies bedeutet:

– Nicht jedes Verhalten, nicht jedes Handeln eines Kindes darf sofort und kausal auf einen Fehler in der Erziehung zurückgeführt werden. Vielleicht hat ja die Aktion, die das Kind macht, mehr mit einer Entwicklungsbesonderheit zu tun. Zwischen Erziehung und Entwicklung zu trennen ist mehr als nur eine akademische Unterscheidung. Erziehungsfehler gilt es zu überwinden, Entwicklungsbesonderheiten gilt es anzunehmen und zu begleiten.

– Kinder entwickeln sich höchst unterschiedlich. Wer Kinder begleitet, hat es mit einem Gemenge aus Vorwärtsbewegung, Stillstand und Rückschritt zu tun. Und jedes Kind hat dabei ein ganz eigenes Tempo.

– Die Unterschiede von Kind zu Kind sind enorm. Die intrapersonellen Unterschiede, also jene von Kind zu Kind, können bis zu drei Jahren betragen. Solche Differenzen sind normal.

– Noch etwas anderes treibt Eltern häufig um: Die intrapersonellen Unterschiede, also die Entwicklungverzögerungen im einzelnen Kind. Die körperlichen, emotionalen, kognitiven, sprachlichen und sozialen Reifungs- und Entwicklungsschübe vollziehen sich nur selten harmonisch. Vielmehr ist Ungleichzeitigkeit zu erwarten. Kinder müssen innere Spannungszustände aushalten. Eltern kommt dann die Aufgabe zu, Kinder darin zu begleiten und bei Verzögerungen in der Entwicklung nicht sofort von Störungen zu reden, die es schnellstmöglich zu beheben gilt. Entwicklungsverzögerungen geben Eltern vielmehr Hinweise, sich auf das individuelle Tempo der Kinder einzulassen, es ernst zu nehmen und pädagogische Eingriffe, die die Entwicklung beschleunigen wollen, auf ein Minimum zu reduzieren.

– Damit ist eine weitere Grundhaltung angesprochen. Kinder wollen im Hier und Jetzt angenommen und nicht ständig unter einer prognostischen Perspektive betrachtet werden. Solch Perspektive ist allerdings der Ansatz mancher Trainingsprogramme. Kinder wollen in einzelnen Entwicklungsstufen begleitet und nicht gehetzt, aber eben auch nicht festgehalten werden.

Und noch ein letzter Gedanke ist mir wichtig: Die Erziehungspartnerschaft von Eltern und Kindern. Partnerschaft hat nichts mit Freundschaft zu tun. Eltern und Kinder sind nicht gleichrangig: Eltern sind meist eine Generation älter. Sie haben Lebenserfahrungen gemacht, haben Erfahrungsvorsprünge, auf die sich Kinder verlassen wollen in Zeiten der Übergänge und der Krisen. Erfahrungsvorsprünge sind nur dann kontraproduktiv, wenn sie von Eltern als Grundlage von Bevormundung, Bewahrung oder Behütung missverstanden werden und dazu führen, Kindern Erfahrungen vorzuhalten. Doch sind Eltern und Kinder auch gleichwertig. Und dies bedeutet: Eltern sind nicht nur Lehrer, sie sind auch Schüler, und Kinder sind nicht nur Schüler, sie sind auch Lehrer – manchmal langmütiger und spontaner, manchmal einfühlsamer und geduldiger als Eltern. Kinder ernst zu nehmen meint eben auch, sie als Lehrer zu begreifen, von denen man viel erfahren kann. Mit Kindern zu leben heißt nicht, für sie zu leben, sondern gemeinsam mit ihnen zu lernen und zu leben. Diese Haltung wollte der *Erziehungstest* aufzeigen und umsetzen – und er will die Eltern stärken, damit die Kinder ihr Leben meistern.

Bücher von Jan-Uwe Rogge (Auswahl)

Das neue Kinder brauchen Grenzen, Reinbek 2008

Ob es ums Anziehen oder Aufräumen, um Fernsehen oder die Hausaufgaben, die Auszeitmethoden oder um Konsequenzen geht – der tägliche Familienstress ist oft vorprogrammiert. Wie Sie ihn vermeiden können, das zeigt dieses Buch an zahlreichen anschaulichen und amüsanten Situationen aus dem Alltag.

Pubertät. Loslassen und Haltgeben, Reinbek 2000

Der Nervenkrieg zwischen rebellischen Kindern und ihren gestressten Eltern muss nicht sein. Mit Pubertät lässt sich auch produktiv umgehen. Grenzen setzen und authentisch sein, genau darum geht es in diesem Buch.

Eltern setzen Grenzen, Reinbek 2010

Partnerschaft und Autorität müssen kein Widerspruch sein. Das zeigen die vielen anschaulichen Beispiele und konkreten Vorschläge. Sie führen zu einem besseren Verständnis der Kinder und zu einem gelasseneren Umgang im Erziehungsalltag.

Ohne Chaos geht es nicht. 13 Überlebenstipps für Familien,
Reinbek 2001

Dieses Buch ist ein Plädoyer für die «Kunst des Durchwurschtelns» in der Erziehung. Jede Familie hat ihre Reizthemen: Papa kommt nicht pünktlich aus dem Büro, Omas Ratschläge nerven und die Eltern sind sich mal wieder nicht einig. Konfliktstoffe sind die ewigen Trödeleien der lieben Kleinen beim Aufstehen und Zubettgehen, das schlechte Gewissen von Eltern und vieles mehr.

Der große Erziehungsberater, Reinbek 2005

Das Buch begleitet und berät Eltern bei der Entwicklung ihrer Kinder, von der Schwangerschaft und Geburt bis hin zum Beginn der Pubertät. Mit vielen anschaulichen Beispielen aus dem Erziehungsalltag und unter Einbeziehung des neuesten pädagogischen Wissensstandes holt das Buch seine Leserinnen und Leser dort ab, wo sie mit ihren Ängsten und Fragen, Verunsicherungen und Befürchtungen stehen.

Wenn Kinder trotzen, Reinbek 2006

Früher oder später trifft es alle: So um den zweiten Geburtstag herum kann es losgehen, dieses «Nein, nein, will nicht!». Kein Wunder, dass Eltern angesichts solcher dramatischer Auftritte hilflos reagieren. Das Buch erklärt, welche Ursache die oft ausbruchsartigen Zornanfälle haben und wie sich Eltern behutsam und bestimmt in dieser anstrengenden Lebensphase ihrer Kinder verhalten können.

Von wegen aufgeklärt. Sexualität bei Kindern und Jugendlichen, Reinbek 2007

Es geht heute nicht einfach um Aufklärung, sondern um Sexualerziehung und darum, dass gerade Sexualität in der modernen Gesellschaft bei Kindern und Jugendlichen viele Fragen offenlässt. Das Buch zeigt Perspektiven auf, wie sich private Sexualität in Zeiten einer öffentlich sexualisierten Gesellschaft entwickeln kann, und bietet für die einzelnen Entwicklungsphasen vom Kleinkindalter bis zur Pubertät praktische Tipps an, wie man Heranwachsende begleitet.

Kinder dürfen aggressiv sein, Reinbek 2007

Der Grundgedanke dieses Buches ist provozierend. Kinder und Jugendliche dürfen aggressiv sein! Denn Aggression bedeutet nicht nur Gewalt und Zerstörung, sie hat auch einen persönlichkeitsstiftenden und schöpferischen Aspekt. Das Buch zeigt anhand vieler praktischer Beispiele, wie Prävention und Intervention funktionieren können, damit Eltern und Pädagogen sich behutsam und mit klarem Blick den Herausforderungen stellen können, die Aggressionen in jeder Entwicklungsstufe mit sich bringen.

Ängste machen Kinder stark, Reinbek 1999

Angst gehört zu den Grundgefühlen menschlichen Daseins. Doch möchten viele Eltern ihre Kinder angstfrei aufwachsen lassen. Das Buch zeigt: Kinder brauchen Ängste. Denn Ängste machen dann stark, wenn ein Kind weiß, wie es seine Angst bewältigen kann. Das Buch versteht es, mit Leichtigkeit und Kompetenz anhand von Beispielen aus dem Erziehungsalltag und in gut verständlichen theoretischen Darstellungen handfesten Rat zu geben und pädagogische Sicherheit zu vermitteln.

(mit Bettina Mähler) **Irgendwie anders: Kinder, die den Rahmen sprengen,** Reinbek 2001

Wer hätte es nicht gern, das pflegeleichte, hochbegabte, sportliche, stillsitzende, wortgewandte, ruhige Durchschnitts-Super-Kind? Aber da gibt es Kinder, die den Rahmen sprengen, die signalisieren, dass sie mehr Zeit mit ständigen Wiederholungen, mehr körperliche Lernerfahrungen brauchen und ihre Seele empfindlich reagiert. Das Buch informiert mit Rat und Geschichten über die Entwicklung der verschiedenen Fähigkeiten von Kindern. Und sie machen Eltern Mut zu mehr Gelassenheit und Vertrauen in ihr Kind – auch wenn es scheinbar von der Norm abweicht.

(mit Angelika Bertram) **Spiele gegen Ängste,** Reinbek 2004

Das Spiel macht Kinder kompetent, es hilft ihnen, sich in der Welt zurechtzufinden, eigene Wege auszuprobieren. Diese kindlichen Bewältigungsstrategien für Ängste werden in den Spielen und Geschichten dieses Buches aufgegriffen. Sie setzen Phantasien in Gang, die Mut machen und Sicherheit geben, sich Ängsten zu stellen und die Monster und Ungeheuer vertreiben.

Weitere Informationen unter:
www.familienzirkus.com, www.elternwissen.com sowie
www.jan-uwe-rogge.de